*Max Rehm*

# Straßburgs geistige Luft um die letzte Jahrhundertwende

*Dem Andenken meiner Eltern*

Max Rehm

# Straßburgs geistige Luft um die letzte Jahrhundertwende

## Grenzlandschicksal des Elsaß

Verlag Dietrich Pfaehler
1984

Gedruckt mit Unterstützung der Erwin von Steinbach-Stiftung,
Frankfurt am Main

CIP-Kurztitelaufnahme der Deutschen Bibliothek

**Rehm,Max:**
Straßburgs geistige Luft um die letzte Jahrhundertwende: Grenzlandschicksal d. Elsass/Max Rehm. — 2., wesentl. erw. Aufl. d. als Privatdr. erschienenen 1. Ausg. — Bad Neustadt a. d. Saale: Pfaehler, 1984.
ISBN 3-922923-20-8



2., wesentlich erweiterte Auflage der als Privatdruck erschienenen ersten Ausgabe von 1982



Fotosatz und Druck: Rötter Druck und Verlag GmbH
8740 Bad Neustadt a. d. Saale
Bindearbeiten: Willy Keller, Kleinlüder bei Fulda

Gesetzt aus der Andover 10/11 und 8/9 Punkt
Printed in Germany 1984

ISBN 3-922923-20-8

# *Inhalt*

*Abb. 1:* Im Schiffsgäßlein Zeichnung von Roland Anheisser (1911)

# *Vorwort*

Geschichte ist das, was geschieht, was geschehen ist. Insofern ereignet sie sich täglich. Als etwas, was unseren Vorfahren oder uns widerfahren ist, ist sie ein Teil unseres Selbst.

Was bleibt davon erhalten? Nur das, was klar und gründlich zu Papier gebracht ist, womöglich von Zeitgenossen, in Erlebnisberichten, Briefen oder Urkunden. Deren Auswahl und Erläuterung fordert Augenmaß und Einfühlungsvermögen.

„Es geht darum, Geschichte festzuhalten, damit sie nicht verloren geht", schreibt André Weckmann in seinem elsässischen Roman ‚Wie die Würfel fallen'. Dies ist umso wichtiger, je verworrener Geschichte ist, je mehr sie der Parteien Gunst und Haß verzerrt, wie im Fall des ehemaligen Reichslandes Elsaß-Lothringen.

Damit ein solches Bild echt und vollständig ist, muß a l l e s festgehalten werden, so wie in Weckmanns Roman der Lehrer Grahn und seine Freunde es tun, um eine wahre, ungeschminkte Chronik ihres elsässischen Dorfes „Ixheim" zusammenzustellen. Geschieht das nicht, kommt nur eine nach der offiziellen Erwartung zurechtgebogene „Geschichte" zustande, so wie Grahn es in Weckmanns Roman in seiner vom Maire geförderten gedruckten Geschichte „Ixheims" besorgt hatte, als er den Konformisten in sich selbst noch nicht besiegt hatte und deren er sich jetzt schämt.

N i c h t s darf verloren gehen. Es gilt, ein wahres Bild der einstigen Wirklichkeit zu zeichnen, wesentliches zu berichten, Meinungen, Entwicklungen und Zustände zu überliefern, auch wenn die Erinnerung daran heute unbequem und schmerzlich ist.

Mancher mag über das, was Dr. Max Rehm in diesem Buch zusammengetragen hat, die Stirn runzeln, es für störend, für überholt halten. Dem Verfasser hat es ferngelegen, Unwiderbringliches zurückzufordern, das Rad der Geschichte zurückzudrehen. Es schien ihm aber geboten, gegen hetzerische Verzeichnung glaubwürdige Zeugen der wahren Verhältnisse aufzubieten und zu Wort kommen zu lassen, die der Nachwelt ein wahrhaftiges Bild der Reichslandzeit von 1871 bis 1918 überliefern. Wir erfahren, „wie es eigentlich gewesen ist".

Der geschichtlichen Wahrheit zu dienen wurde dieses Buch geschrieben. Liebe und Dankbarkeit für die Stadt Straßburg und das Elsaß liegen ihm zugrunde.

Eßlingen, im Juni 1984 — Eduard Haug

*Abb. 2:* Am Johannesstaden Zeichnung von Roland Anheisser (1902)

# Einführung

*„erkunnen liute unde lant,*
*durch daz im rehte würde erkant."*

*Gottfried von Straßburg*

Uns ehemaligen Elsaß-Lothringern ist — getreu dem Grundsatz des ‚Wissenschaftlichen Instituts der Elsaß-Lothringer im Reich' an der Universität Frankfurt — „nicht Pathos und Phrase, nicht Propaganda und Hetze, sondern ernstes Forschen nach Wahrheit und Erkenntnis, auch wo sie schmerzen, höchste Aufgabe." Solche Gesinnung und Haltung steht einem alten Straßburger wohl an, der in Straßburgs geistiger Luft um die letzte Jahrhundertwende als junger Mensch geatmet, die ‚welthaltige Lokalität' der Stadt in Geschichte und Gegenwart mit offenen Sinnen in sich aufgenommen hat. In dieser Stadt lebten und starben seine Eltern. In dieser Stadt boten ihm Schule und Kirche Unschätzbares, drang ihm Johann Sebastian Bachs Musik, von Albert Schweitzer gespielt, ins Herz, leuchteten Volk und Vaterland als Lebensgabe und Lebenssinn ihm auf.

Namhafte Zeugen kommen in dieser Schrift zu Wort. Ihre Aussagen beleuchten die Sache von vielen Seiten und ermöglichen ein begründetes Urteil. Widersprüche sind in Kauf zu nehmen. Gegensätzliche Anschauungen werden offengelegt. Die Betrachtung im Längsschnitt der Geschichte, im Querschnitt der Gegenwart verändert das Bild. Der jeweilige „Standpunkt" begrenzt die Sicht, der jeweilige „Augenblick" färbt den Eindruck. Der Werdegang erzeugt unaufhörlich Wandlung, läßt Vorschreiten erhoffen, hin zu besseren Zuständen, geläutertem Denken und Tun.

Wer vom Zauber Straßburgs, der „wunderschönen Stadt", in der Zeitspanne zwischen 1870 und 1918 berührt worden ist, vergißt es nicht. In der geschichtsträchtigen Hauptstadt des Reichslandes Elsaß-Lothringen wehte ein eigenartiger Geist, ausströmend kräftigen Erdgeruch und feinen Duft.

*Abb. 3:* In der Korduangasse    Radierung von Roland Anheisser (1900)

## *Albert Schweitzers Straßburger Jahre*

Über *Albert Schweitzer* lautet ein Urteil: Nur der verstehe ihn ganz, der wisse, daß er Straßburgs geistige Luft jahrelang geatmet habe.[1] Wirklich verbrachte er hier — von Beginn seines Studiums im Jahr 1893 bis zur ersten Ausreise nach Afrika im Jahr 1913 — mit wenigen Unterbrechungen zwei Jahrzehnte. Lange wohnte er im „Collegium Wilhelmitanum" am Thomasstaden, erst als Theologiestudent, dann als Leiter des Evangelischen Studienstifts, zugleich als Vikar an St. Nicolai schräg gegenüber und als Privatdozent an der Straßburger Universität. Ende 1918 kehrte er aus französischer Internierung nach Straßburg zurück, übernahm — als „geweihter Prediger" seiner elsässischen Heimatkirche — wiederum das Vikariat an St. Nicolai und eine Assistentenstelle im Bürgerspital, bis zur zweiten Ausreise nach Gabun zum Wiederaufbau des Urwaldhospitals in Lambarene. Auch bei späteren Heimatbesuchern hielt er sich immer wieder in Straßburg auf, meist im „Hotel Pax" absteigend oder von Freunden beherbergt. Fast ein Drittel seines Lebens weilte er in den Mauern dieser Stadt.

Auf der dortigen Universität wurden 1893 seine Mentoren der freisinnige Theologe *Heinrich Julius Holtzmann* (1832—1910) und der schwäbische Philosoph und ehemalige Tübinger Stiftsrepetent *Theobald Ziegler* (1846—1918). Sie beeinflußten nachhaltig Albert Schweitzers Geistesart und Lebensgrundsätze — er blieb ihnen treu als Forscher, Denker und Erzieher, als Christ der Tat.[2]

## *Errichtung der „Reichsuniversität Straßburg"*
1872

Die 1872 errichtete *„Reichsuniversität"* hatte die Aufgabe erhalten, „an der Stätte alter deutscher Kulturblüte deutsches Wesen neu zu begründen". An die Hochschule wurden in allen Fakultäten bedeutende Lehrer berufen. Bei der Zusammenstellung des Lehrkörpers ging der Kurator *Freiherr von Roggenbach* zielbewußt und weitblickend daran, eine Hochschule ersten Ranges mit schöpferischen, wagemutigen Persönlichkeiten auf den Lehrstühlen zu schaffen — es waren überwiegend junge Kräfte von besonderer Tüchtigkeit. „Alle Dozenten waren sich der Tatsache bewußt, daß sie in Straßburg einer echten nationalen Mission zu dienen haben würden" (Karl Brill). Durch geduldige, gewissenhafte Forschung sollte im Land das Wissen um die große politische

Geschichte und kulturelle Vergangenheit des Elsaß und damit der Stolz auf die eigene Leistung innerhalb der deutschen Kultur — unter den Staufern, im Humanismus, in der Reformationszeit — wiederbelebt werden.[3]

Bei der feierlichen Eröffnung am 1. Mai 1872 lautete das Glückwunschtelegramm des Deutschen Reichstages, die Universität möge „ihres alten Ruhms eingedenk, von neuem an der Grenzscheide zweier großer Völker edler Bildung und freier Wissenschaft eine sichere Stätte bereiten".[4]

Bezeichnend war auch der Weihgesang bei der Eröffnung des „allgemeinen Kollegiengebäudes" der Universität am 27. Okbtober 1884:

Wo einst Ottfried hat gesungen,
Wo uns Gottfrieds Harfe klang ...
Wo man Jakob Sturm gesendet
In der deutschen Fürsten Rat,
Herzen sind dir zugewendet,
Schicksalsland und Schicksalsstadt.

Die Reichsuniversität sollte ein Instrument der Reichsregierung, eine Kaderschmiede für Beamte der Reichsämter des 1871 neu gegründeten Deutschen Kaiserreichs sein, zugleich Elsaß-Lothringen für das Reich gewinnen (daher auch der Name „Reichsland Elsaß-Lothringen" und die Reichsfahne an den öffentlichen Gebäuden — wie auf den Schiffen der Reichsmarine — und die schwarz-weiß-roten Schrägstreifen an den Schilderhäusern vor den Kasernen und sonstigen militärischen Gebäuden).

Roggenbachs Mitarbeiter bei Gründung der Straßburger Universität war *Friedrich Althoff* (1839—1908), später machtvoller Ministerialdirektor im Berliner Kultusministerium. In der Personalpolitik betrachtete er die Reichsuniversität als Speerspitze einer Hochschulreform (so wie 1737 Heidelberg, 1810 Berlin bahnbrechend gewirkt hatten). In Straßburg wurden neben den Vorlesungen — die jeweils eine Gesamtschau boten, Entwicklungen zeigten und Zusammenhänge darstellten — Seminare als selbständige Arbeitsstätten eingerichtet und mit Bibliotheken ausgerüstet: Hier sollten sich die Studierenden im Nahblick üben, in die Tiefe bohren lernen. Diese Arbeitsteilung zwischen Vorlesung und Seminar führten nach Straßburger Vorbild alle deutschen Hochschulen ein. In den Naturwissenschaften wurden Induktion und Experiment hier endgültig zur Grundlage erklärt, in Arbeitsgemeinschaft zwischen Lehrenden und Lernenden erprobt, Anleitung und Ansporn zu selbständigem Schaffen und Forschen.[5]

## *Zeitgenössische Zeugen*

Vom Neubeginn der Universität berichtete der Nationalökonom *Lujo Brentano:* „Jeder, der damals gelebt hat, wird sich der beispiellosen Begeisterung erinnern, mit der von allen deutschen Stämmen die Wiedererstehung der alten deutschen Universität Straßburg einmütig begrüßt worden ist. Und nicht bloß in Deutschland. Die Blicke der ganzen gebildeten Welt waren auf die neue Gründung gerichtet, und alle Länder wetteiferten, die Universitätsbibliothek durch großartige Geschenke zu bereichern; namentlich England hat viele wertvolle Werke dahin gestiftet." In seinen „Elsässer Erinnerungen" — er lehrte in Straßburg von 1882 bis 1888 — bezeugte Brentano: „Es war ein geradezu idealer Geist der Pflichterfüllung, welcher den ... Lehrkörper erfüllte. Jeder hatte das Bewußtsein der außerordentlichen Bedeutung der Stelle, in die er berufen war; er fühlte, als ob aller Augen auf ihn gerichtet seien, und suchte sein Äußerstes zu leisten, um das in ihn gesetzte Vertrauen nicht zu täuschen."[6]

### *Das Zehnuhrläuten vom Münsterturm*

Auch der Psychiater *Alfred L. Hoche* brachte im Lebensbericht „Jahresringe" Erinnerungen an seine Straßburger Zeit: „Unter den jungen Dozenten der Universität bestand ein ungewöhnlich frisches Verhältnis; die Elastizität der Altersstufe, zusammen mit dem auch auf die Jüngsten abfärbenden Sammelbewußtsein der Universität, schuf eine beschwingte Stimmung der Geistigkeit, der ich in dieser Form nicht wieder begegnet bin." Hoche hat auch ein unvergeßliches Stimmungsbild vom damaligen nächtlichen Straßburg gezeichnet: „Die Straßburger Nacht begann im Sommer und Winter um zehn Uhr; dann läutete vom Münster her die alte Glocke eine Viertelstunde lang in getragenem Rhythmus, wie ihn nur ein gewaltiger Klangkörper zu geben vermag: „Mochte der Tauwind von den Vogesen her stürmen oder ein kalter Vollmond die Winternacht in seinem Banne halten, mochten die Herzen unter den geschwärzten Dächern in verschiedensten Takten schlagen, immer ging der Tag gleichmäßig zu Ende in dem ruhevollen Ausschwingen des tiefen und vollen Klangs, der wie ein Symbol der Zeitlosigkeit und Unwandelbarkeit über die Welt mit ihren lächerlichen Erregungen hinzog. Wie oft bin ich in jenen Jahren um dieses Erlebens willen auf dem Balkon gestanden, bis es zu Ende war. Ich habe das Läuten vor kurzem wieder vom Münsterplatz aus gehört, nachdem ich im voraus alle Gefühle abgewürgt hatte, die das Herz eines alten Straßburgers heute dort überwältigen wollen. Es bedarf der Münsterakten nicht, um zu wissen, daß das Zehnuhrläuten auf eine alte Stiftung aus deutscher Zeit zurückgeht ... Sinn und Stimmung des Abschiednehmens vom Tage ..."[7]

Die Abendglocke vom Münsterturm konnte *Albert Schweitzer* auch im Urwald nicht vergessen — sein Bericht vom siebzigsten Geburtstag in Lambarene zeugte davon: „Den Abend hat — wie alle Tage — die Glocke im Glockenstuhl aus Holzpfählen eingeläutet. Sie ist im wahren Sinn des Wortes Liebesgabe von Freunden aus dem Elsaß und läßt ... ihre eherne Stimme über das Spitaldorf erschallen ... wie ein täglicher Gruß aus der Heimat; denn vom Münsterturm Straßburgs läuten die Glocken zur gleichen Stunde den Tag aus."[8]

### *Die Professorenschaft der neuen Universität: eine lange Reihe großer Namen und großer Persönlichkeiten*

In seinen Lebenserinnerungen berichtet der Historiker *Friedrich Meinecke* (1862—1954) — aus Salzwedel in der Altmark stammend, war er 1904 nach Straßburg berufen worden: „Die Professorenschaft, der nur wenige Altelsässer angehörten, mußte sich ... als eine hineingepflanzte Kolonie im Lande fühlen. Aber was für eine Kolonie! Ich erlebte hier die Nachblüte des liberalen und zugleich leidenschaftlich nationalen Humanismus der Reichsgründungszeit, wie sie vielleicht auf keiner anderen Universität noch so kräftig war ... Die Hochschullehrer verbanden stolz eine unbedingte monarchische Gesinnung mit einem trotzigen Unabhängigkeitsgefühl."[9] Die Straßburger Professoren hielten am Berufsnamen „Bekenner" fest und lehnten selbstbewußt den Titel „Geheimrat" ab, der aus der Beamtenhierarchie stammte. Sie verschmähten auch Talare.

Solche Haltung, diesen Geist verkörperte *Theodor Nöldeke* — er gehörte dem Lehrkörper der Straßburger Universität vom Gründungsjahr 1872, ihrem leuchtenden Morgen, bis zu ihrem tragischen Ende 1918, also nahezu fünf Jahrzehnte an. Meister der Semitistik, zuletzt Nestor der deutschen Orientalistik, war der Mann, dem Prunk und Titel ein Greuel waren, nach den Worten Gustav Anrichs, „in der lauteren Schlichtheit seines Wesens ... Sinnbild alles dessen, was in unserer Straßburger Gelehrtenwelt schlicht und wahrhaft, aufrecht und charaktervoll gewesen ist."[10]

Sein Sohn *Arnold Nöldeke* schrieb rückblickend von den Straßburger Jugendjahren: „Meine Eltern haben sich, wie auch die meisten sonstigen aus Altdeutschland nach dem Elsaß versetzten Beamten, dort sehr rasch eingelebt und sind auch sehr gern im Elsaß geblieben. Für meinen Vater zeugt nach dieser Richtung, daß er alle Berufungen an andere Hochschulen, so nach Berlin und Wien, ohne lange Überlegungen abgelehnt hat ... Er glaubte an die Wirkung der ungewollten Ausstrahlungen."[11]

*Anhänglichkeit ans Elsaß und an Straßburg*

*006* *Elly Heuss-Knapp,* 1881 in Straßburg geboren, Tochter des bedeutenden Nationalökonomen *Georg Friedrich Knapp,* erzählt Entsprechendes in ihren Erinnerungen „Ausblick vom Münsterturm — Erlebtes aus dem Elsaß und aus dem Reich": „Von den Professoren blieben viele dauernd da. Mein Vater hat jeden Ruf abgelehnt. Er meinte, es müsse eine Generation von Deutschen hier aufwachsen und das Land als ihre Heimat ansehen."[12] G.F. Knapp blieb von 1874 bis 1918 in Straßburg.[13]

Anhänglichkeit ans Elsaß und Straßburg, Treue zu seiner Hochschule bewies auch der Kunsthistoriker *Georg Dehio.* Gebürtiger Balten-Deutscher aus Livland, dem siebenhundertjährigen deutschen Vorposten im Nordosten, war er 1892 einem Ruf an die Reichsuniversität Straßburg an der südwestdeutschen Grenzmark gefolgt, ausgerüstet mit dem geschärften Sinn eines Grenzlandlebens, begabt mit künstlerischer Reizsamkeit angesichts herrlicher Kunstschätze und Baudenkmäler. Von seinem Lehrstuhl aus, den er 26 Jahre lang, bis zum bitteren Ende 1918, innehielt, entfaltete er eine fruchtbare Tätigkeit mit breiter Wirkung, unzähligen Studierenden und der Bürgerschaft die Augen öffnend für Wert und Schönheit der Kunstwerke, Ehrfurcht vor solcher Hinterlassenschaft gebietend, die Verpflichtung wachrufend, des Vermächtnisses wert zu sein, ihrem religiösen Geist nachzuspüren, der Kunst als Offenbarung Gottes.

*Georg Dehio* verkörperte als Forscher und Hochschullehrer die Ausstrahlung der Universität auf das Land und seine Bewohner und wurde ein namhafter Träger des Straßburger Geistes um die Jahrhundertwende. Die Liebe zum Elsaß ließ ihn dort eine zweite Heimat finden, an der er unverbrüchlich hing, deren Verlust er bis ans Lebensende nicht verschmerzte. Begeisterung und verhaltene Trauer sind der Unterton seiner nach der Vertreibung verfaßten Schrift über „Das Straßburger Münster".[14] Wahrheitsstreben des Gelehrten, Feinsinn des Künstlers,

Formkraft des Schriftstellers verschmelzen sich in dieser Erinnerungsschrift. Daraus einige Sätze:

„Nur unhistorisch denkende Köpfe können in den Begriffen ‚französisch' und ‚deutsch' sich ausschließende Gegensätze suchen. Dem Bewußtsein jener Zeit war es fremd. Der Gedankengehalt der Gotik, wenn auch am frühesten in Frankreich in eine Formel gebracht, war Gemeinbesitz der mitteleuropäischen Völker."

### *Georg Dehios Deutung des Straßburger Münsters, der eigentümlichen Schönheit des Münsterturms und der Bildwerke*

Über die Ausführung des Strebewerks des Straßburger Münsters: „Das System der Strebebögen steht in glücklichster Mitte zwischen roher unverschmolzener Hilfskonstruktion und aufdringlichem Dekorationsüberfluß, und die Funktion des Auffangens und Sichentgegenstemmens wird aufs schönste versinnbildlich ... die Wanderung über die äußeren Laufgänge und Dächer wird jedem gründlichen Besucher des Straßburger Münsters eine unvergeßliche Erinnerung hinterlassen haben. Ich grüße in Gedanken meine ehemaligen Schüler, die mit mir diesen Weg gegangen sind."

Meister Erwins Entwurf der Westfassade wird in einem Satz treffend charakterisiert: „In der Freiheit der rhythmischen Bewegung im einheitlichen Fluß der thematischen Variation, in der Vollkommenheit der Auflösung des Streites der waage- und senkrechten Linien ist er das Schönste, was die Hochgotik irgendwo und -wann ersonnen hat."

Über Ullrich von Ensingens Turm: „Es handelt sich um einen *Einzelturm*, der Gedanke an einen symmetrischen Partner an der rechten Seite ist aufgegeben. Das ist die Denkweise des neuen spätgotischen und bürgerlichen Jahrhunderts. Ein Wetteifer entbrannte in der Errichtung möglichst hoher Türme. Immer sind es Einzeltürme. Sie wollen nicht als harmonische Weiterentwicklung der Fassade gelten, sondern als Schmuck des Stadtbildes.

Wir haben es alle in Erinnerung, wie die eigentümliche Schönheit des Münsterturms sich uns nicht zeigte, wenn wir vor der Fassade standen, sondern erst, wenn wir ihn in immer neuen Kombinationen am Schluß einer Straßenperspektive oder aus der Ferne über den Dächern der Stadt schwebend erblickten, im Morgenduft wie ein zartes Wolkengebilde oder im Abendrot erglühend. Er grüßte uns als Erster, wenn wir der Stadt uns näherten, und als Letzter, wenn wir gingen.

Dieser Turm ist es, der dem Straßburger Münster den Namen des achten Weltwunders eintrug. Er war der höchste Turm Deutschlands, bis er im 19. Jahrhundert durch die Vollendung der Türme von Köln und Ulm um einige Meter übertroffen wurde."

(Über die Bildwerke:) „...Ganz mittelalterlich und deutsch ausgedrückt ist die über das Ganze ausgegossene Stimmung ehrfürchtig zarter Trauer. Die monumentale Plastik der Standbilder der Ecclesia und Synagoge: bewundernd verstehen wir die große künstlerische Denkarbeit, die nötig war, um mit so herrlichem Gelingen das statuarische Gesetz streng zu erfüllen und zugleich dem dramatischen Gehalt neues Leben zu leihen ... Die Streitenden sind einander entgegengeschritten; nun da das Urteil gesprochen ist, halten sie still; aber die Kampfworte klingen noch nach... Wie schön und sprechend die Köpfe sind, die mimische Hauptleistung ist den Körpern im ganzen zugewiesen, ihre Haltung und Wendung, und dies ist echt plastisch gedacht ... Sicher sind sie aus einer durchaus einheitlichen Vorstellung hervorgegangen, überzarte Gebilde, doch nicht aus weichlichem Stoff; in ihrer binsenschlanken Biegsamkeit spannkräftig wie feiner Stahl; adlig geborene Mädchen vom Scheitel bis zur Sohle. Das Gewand liegt über ihnen wie ein zarter Hauch, aber ein Geist der Keuschheit und Strenge macht es fest wie einen Panzer."

## *„Von Niedrigkeit umglänzt ihr reines Bildnis stehe"*

Der elsässische Lyriker *Ernst Stadler* (1883—1914) hat, angeregt durch eine lateinische Inschrift am Straßburger Münster, ergriffen von den Symbolgestalten der „Ecclesia" und der „Synagoge" am Südportal, gedichtet:

„Zuletzt, da alles Werk verrichtet, meinen Gott zu loben,
Hat meine Hand die beiden Frauenbilder aus dem Stein gehoben.
Die eine aufgerichtet, frei und unerschrocken —
Ihr Blick ist Sieg, ihr Schreiten glänzt Frohlocken.
Zu zeigen, wie sie freudig über allem Erdenmühsal thronte,
Gab ich ihr Kelch und Kreuzesfahne und die Krone.
Aber meine Seele, Schönheit ferner Kindertage und mein tief verstecktes Leben
Hab ich der Besiegten, der Verstoßenen gegeben.
Und was ich in mir trug an Stille, sanfter Trauer und demütigem Verlangen
Hab ich sehnsüchtig über ihren Kinderleib gehangen:
Die schlanken Hüften ausgebuchtet, die der lockre Gürtel hält,
Die Hügel ihrer Brüste zärtlich aus dem Linnen ausgewellt,

Ließ ihre Haare über Schultern hin wie einen blonden Regen fließen,
Liebkoste ihre Hände, die das alte Buch und den zerknickten Schaft umschließen,
Gab ihren schlaffen Armen die gebeugte Schwermut gelber Weizenfelder, die in Julisonne schwellen,
Dem Wandeln ihrer Füße die Musik von Orgeln, die an Sonntagen aus Kirchentüren quellen.
Die süßen Augen mußten eine Binde tragen,
Daß rührender durch dünne Seide wehe ihrer Wimpern Schlagen.
Und Lieblichkeit der Glieder, die ihr weiches Hemd erfüllt,
Hab ich mit Demut ganz und gar umhüllt,
Daß wunderbar in Gottes Brundernähe
Von Niedrigkeit umglänzt ihr reines Bildnis stehe."[15]

### *Die Sonderstellung der Straßburger Universität*

Georg Dehios Sohn, der Historiker *Ludwig Dehio* urteilte zurückblickend über die Kaiser-Wilhelm-Universität Straßburg: „Bewundert viel und viel gescholten ist die Straßburger Universität jedenfalls das unvergleichlich großartigste Unternehmen auf dem Gebiete geistiger Kulturpflege, das in den deutschen Reichslanden geschaffen worden ist. Ihre Geschichte ist mehr als lediglich ein Ausschnitt aus dem Gesamtbild wissenschaftlicher Arbeit, obgleich ein sehr charaktervoller: sie ist Spiegel der inneren Teilnahme Alt-Deutschlands an seiner Westmark wie des Verhältnisses der Eingewanderten zu den Eingesessenen, ein Barometer für alle Schwankungen der Landespolitik, endlich ein bedeutender Akt in dem geistigen Ringen der beiden großen Nationen um die Seele der umstrittenen Länder. Das kurze Leben dieser Universität ist erfüllt von Spannung und Problematik, Hoffnung und Verzagen. Rückschläge und Gelingen liegen nahe beieinander und doch behält bei allem Wechsel der Schicksale wie der Zusammensetzung diese Körperschaft eine innere Einheit, einen Charakter, wie sie keiner der älteren Schwestern damals so ausgeprägt eignete: sie hatte zu kämpfen für und um eine junge Mission."[16]

Auch *Alfred Hoche* kennzeichnete die Straßburger Kaiser-Wilhelm-Universität treffend mit zusammenfassenden Worten: „Zwischen ihren Schwestergebilden nahm die deutsche Straßburger Universität eine Sonderstellung ein: aus dem Nichts entstanden und ins Nichts verweht, durch ein Menschenwort geboren und vernichtet durch einen Schicksalsspruch. Ohne organische Entwicklung, ohne Kindheit, aber auch ohne den Abstieg des Alters, steht ihr Bild vor uns

wie das eines Lebens, dem nur die Zeitspanne der männlichen Reife beschieden war.
Sie war nicht aufgewachsen im Ringe der Geschwister, aber sie wurde sofort als echtes Glied in den Kreis der Gleichstehenden aufgenommen und begrüßt."[17]

## *Alt-Straßburg — Zauber und Zwiespältigkeit*

*Elly Heuss-Knapp* empfand es stets als Vorzug des Schicksals, in Straßburg geboren und aufgewachsen zu sein, und sprach es oft aus, das Elsaß sei ihr zur unvergessenen Heimat geworden. Ihr Geburtshaus am Sandplätzchen in Straßburg sei wirklich „im Schatten des Münsterzipfels" gelegen. Die Altstadt um das Münster herum und die Seitengassen des gegenüberliegenden Schiffleutstadens, die den Fluß begrenzenden Straßen seien deutsch-mittelalterlich und gemahnten an Nürnberg, Ulm oder Würzburg. Aber das Sandplätzchen diesseits der Ill habe ganz französisches Gepräge und könnte ebensogut in Paris liegen. „Dieses Ineinander ist eben Straßburg, die wunderschöne Stadt. Unverwischbar steht die Geschichte, die wechselvolle, tragische in ihr Antlitz geschrieben."[18]

Dies bestätigte auch *Friedrich Meinecke* überzeugend: „Unerschöpflich waren . . . alle die anderen Reize der alten Reichsstadt, ihre Gassen, Staden und Brücken. Das Alt-Reichsstädtische und die französische Barock- und Rokokozeit vertragen sich dabei ebenso miteinander wie in der Seele des Elsässers die unvertilgbare deutsche Grundsubstanz mit der darübersitzenden französischen Kulturschicht. Und im Anblick solcher Zwiespältigkeit konnte merkwürdigerweise in mir dennoch bald das Gefühl erwachen, daß Straßburg für mich und meine Familie eine dauernde Heimat werden könne, solle und müsse. Zu leben und zu sterben in Straßburg wurde unser Entschluß. Solche Spannung zwischen gleichzeitigem Fremdgefühl und Heimatgefühl gehörte zu den besonderen Reizen in Straßburg."

Den Zwiespalt empfand auch *Theobald Ziegler:* „Wir sind doch hier alle in Straßburg eigentlich heimatlos, von der Wurzel abgeschnittene Gewächse." Und der Historiker *Harry Bresslau,* Albert Schweitzers Schwiegervater, bekannte: „Wir leben hier doch nur wie in einer Kolonie, das heißt abgetrennt vom elsässischen Leben rings um uns." Diesen Ausspruch gab *Friedrich Meinecke* wieder, ergänzte ihn aber mit folgenden Sätzen: „Wir fühlten uns wie auf einem alten vulkanischen Boden von herrlicher Fruchtbarkeit, der zuerst uns ganz ruhig geworden schien und nun schon in eine leise Unruhe wieder geriet. Das gab fast unbewußt unserem ganzen Dasein, Denken und Empfinden eine innere Spannung, die auch unserer wissenschaftlichen Arbeit, wie ich glaube, nicht übel anschlug. Denn das Außerordentliche, wenn es nicht gar zu schweren Druck ausübt, beflügelt irgendwie den Menschen. Vielleicht versteht man schon etwas, daß wir Professoren trotz unserer Kolonialgefühle so eng, ja vielfach leidenschaftlich, unser Herz an Straßburg ketteten und daß meine Frau und ich unser ‚Klein Häusi' bauten und zu leben und zu sterben gedachten in Straßburg."

### *Straßburg um die Jahrhundertwende: eine Stadt voller Anregungen und mannigfaltiger Gegensätze*

In seinem „Rechenschaftsbericht eines Elsässers" schreibt *Robert Ernst*, der in Straßburg aufgewachsen und Schüler des alten Protestantischen Gymnasiums gewesen war und von 1940 bis 1944 dort das Amt des Oberbürgermeister innehatte:

„Die Mannigfaltigkeit der in Straßburg um die Jahrhundertwende konzentrierten Kräfte erklärt ... noch nicht den besonderen Reiz, den das Leben in dieser Stadt auf jeden Bewohner wie auch Besucher ausgeübt hat. Der ‚Charme' dieser Stadt, das ‚Cachet' dieser Stadt! Gibt es überhaupt einen mit einigermaßen offenen Sinnen begabten Menschen, der diesem Charme, diesem Cachet, nicht erlegen wäre? ... Kein Zweifel, hier gilt das Wort von den Gegensätzen, die sich anziehen. Und wenn auch in der Bevölkerung dieser Stadt die Gegensätze der jeweils darin lebenden Generationen sich vielfach abgestoßen haben: Die Spritzer französischer Lebensart und Lebensgestaltung, die in zwei Jahrhunderten nicht nur das Stadtbild belebt, sondern auch die Bevölkerung durchsetzt hatten, haben in ihrer Vermischung mit den urdeutschen Elementen des einheimischen elsässischen Volkes diese Atmosphäre erzeugt, in der man sich so wohl fühlte. Insbesondere die nach 1871 in das Reichsland Elsaß-Lothringen einströmenden Deutschen anderer deutscher Länder wurden von dieser Luft oft geradezu berückt. Diese ‚Altdeutschen', wie man sie zum Unterschied von den ‚Einheimischen' nannte — höchst verkehrterweise, da diese alemannischen und fränkischen Einheimischen oft ‚alt-deutscher' waren als die aus Nord und Ost zugewanderten! — trennten sich fast ausnahmslos sehr schwer von unserem Straßburg und unserem elsässischen Garten, wenn sie als Gelehrte, als Lehrer, als Studenten, als Offiziere, als Unteroffiziere, als Beamte, Kaufleute, aber auch als Handwerker und Arbeiter Fuß gefaßt hatten."[19]

# *Straßburg als Gemeinwesen*

Straßburgs „kräftige geschichtliche Individualität" und „eigene Stadtpersönlichkeit", den Weg zum höchsten Gipfel seiner Entwicklung an der Wende vom Mittelalter zur Neuzeit im Ablauf der Reformation schilderte der Historiker *Willy Andreas* und zeichnete ihr damaliges Bild[20]: „Eine Stadt, so deutsch in ihrer Erscheinung wie nur irgendeine, ganz und gar gotisch in Formensprache und Gesamteindruck! Ein malerisches Stück davon hält eine Silberstiftzeichnung Hans Baldung Griens fest, der den größten Teil seines Lebens hier verbracht hat. Wohlbefestigt, wie es schon zu Römerzeiten gewesen, übernahm Straßburg mit seinen Mauern, Türmen und gedeckten Brücken die Wacht am Rhein. Hoch über seine Märkte, Lauben und Giebel, seine Höfe, Kirchen, Spitäler hinweg erhob sich das Münster. Es erregte die Bewunderung auch der italienischen Reisenden und galt schon damals weithin als Wunderwerk deutscher Baukunst. Treuherzig und anschaulich malte sich in den Namen von Gassen, Schänken und Wirtshäusern Treiben und Beruf der Bewohner. Allein diese Bezeichnungen sagten den Fremden schon, wieviel in Straßburg Handwerk und Zünfte bedeuteten ...

War die weltliche Gewalt schon vor Anbruch der Reformation auf der ganzen Linie im Vormarsch, so bewegte sich doch, rein religiös gesehen, das städtische Leben durchaus im Schatten der Kirche. Sinnbildhaft überragte das Münster Stadt und Land. In einer Bauzeit, die sich vom elften Jahrhundert bis hoch hinauf ins fünfzehnte erstreckte, hatte eine Generation der anderen die Hand gereicht. Jede hatte das ihr Eigentümliche dazu beigesteuert und sich selber darin verewigt. So war ein Werk entstanden, in dem sich fünf Jahrhunderte deutschen Geistes- und Formenwandels spiegelten, und doch war es zu einem geheimnisvollen Ganzen von wunderbarer Einheit zusammengewachsen: ein Wahrzeichen der überzeitlichen Macht der Kirche wie der unzerstörbaren Volksgemeinschaft, die Gehen und Kommen der Geschlechter überdauern. Die Neuordnung des Stadtregiments zu Beginn der achtziger Jahre (1480) hatte der Stadt die Lebensform geschenkt, in der sich nunmehr für etwa zwei Jahrhunderte ihre innere Entwicklung abspielen sollte. In überschwänglichen Worten rühmte Erasmus nach seinem Straßburger Aufenthalt den Gleichklang einer Verfassung, die das Bestmögliche in sich vereine: eine Monarchie ohne Tyrannen, eine Aristokratie ohne Parteien, eine Demokratie ohne Unruhen. Wäre es dem göttlichen Platon, so schrieb er seinem Freunde Wimpfeling, vergönnt gewesen, Straßburg zu kennen, er hätte seine helle Freude daran gehabt, da es seinen eigenen Träumen von einem wohlgeordneten Gemeinwesen Erfüllung geschenkt habe."

### *Straßburgs Stadtverwaltung — ein weitberühmtes Vorbild*

War Straßburg in der französischen Zeit zur unbedeutenden Provinzstadt verkümmert, so blühte es unter den Bürgermeistern *Otto Back* und *Rudolf Schwander* auf, ja übernahm mit Köln und Frankfurt am Main die kulturelle Führung im deutschen Westen. Hingabe ans Werk beflügelte auch die Mitarbeiter — sie gestanden rückblickend: „Wir alle waren von der Stadt Straßburg bezaubert."[21]

Eine Besonderheit der Straßburger Stadtverwaltung war die Schar junger Beigeordneter um den alten Bürgermeister Back. Sie trugen den Spottnamen „Kleinkinderschule" mit gleichem Stolz wie einst die Auslese junger englischer Verwaltungsbeamter um Lord Milner in Südafrika, aus dessen „Kindergarten" die führenden Staatsmänner Großbritanniens in der ersten Hälfte des 20. Jahrhunderts hervorgingen. Aus der Straßburger „Kleinkinderschule" — zu ihnen gehörten die Beigeordneten Dominicus, Leoni, v. d. Goltz, Timme, Cossmann, als jüngster Mitarbeiter Blaum — sind der deutschen Kommunal- und Staatspolitik bedeutende Männer erwachsen. „Aus dem Fehlen politischer Gegensätze, aus der Niederhaltung etwaiger kollegialer Eifersucht, die sich durch die Möglichkeit jederzeitiger Entscheidung des allen vorgesetzten Bürgermeisters ergab, aus der Jugend und Tatfreude aller Beteiligten, aus all dem entstand, wie wir mit Stolz feststellten, eine der besten deutschen Stadtverwaltungen" — so *Alexander Dominicus* in seinem Erinnerungsbuch über Back und Schwander; er selbst wurde später Oberbürgermeister von Berlin-Schöneberg und Preußischer Staatsminister. Der siebenunddreißigjährige Beigeordnete *Rudolf Schwander* wurde 1906 auf Wunsch und Vorschlag des Altbürgermeisters Otto Back, dessen Nachfolger, im Jahr 1918 noch letzter Kaiserlicher Statthalter des Reichslandes Elsaß-Lothringen. Durch den Dienst am gleichen Werk, der Stadt Straßburg, mit verwandten Grundempfindungen, mit gleichen Auffassungen, übereinstimmenden Zielvorstellungen, näherten sich beide Männer, Back und Schwander, einander, obwohl durch ein Menschenalter getrennt. Ihr Wesen verschmolz, und darum wirkte ihr Werk wie aus einem Guß. Das Ergebnis ihrer Amtsführung war: Die Stadt wurde ein blühendes Gemeinwesen mit verdoppeltem Gemeindevermögen, mit Überschüssen in der Jahresrechnung, trotz der kostspieligen Reformen. Straßburg wuchs vor 1914 in die führende Rolle hinein, die es im deutschen Mittelalter und zu Beginn der Reformationszeit innegehabt hatte, geistiger und wirtschaftlicher Mittelpunkt des deutschen Südwestens zu sein. Friedrich Naumann betrachtete die Straßburger Kommunalverwaltung als das praktische Experiment seiner geistigen Schule. Der Erste Weltkrieg und seine Folgen beendeten jäh diese Entwicklung.

### *Der Aufstieg von Wissenschaft, Kunst und Literatur*

*Georg Wolfram* berichtete über „Wissenschaft, Kunst und Literatur in Elsaß-Lothringen 1871-1918" und urteilte in der „Einführung"[22]: „Der III. Band des Reichslandwerkes ‚Wissenschaft, Kunst und Literatur in Elsaß-Lothringen' gibt uns ein fast einheitliches Bild über den Aufstieg, den das Land auf allen drei Gebieten in der deutschen Zeit erfahren hat. Wenn Elsaß und Lothringen mit Straßburg und Metz bis 1870 lediglich französische Départements mit Provinzialstädten gewesen sind, die sich kaum von den übrigen französischen Bezirken mit ihren städtischen Zentren unterschieden und, wie diese zeigen, gegenüber der Landeshauptstadt Paris völlig in den Hintergrund traten, so hatte sich seit 1871 zunächst zögernd, dann aber in überaus schnellem Aufstieg im neuen Reichsland ein selbständiges Leben entwickelt. Der unterbrochene Blutumlauf mit der deutschen Stammesgemeinschaft hatte wieder eingesetzt und versprach gerade auf den Gebieten, die der vorliegende Band behandelt, dem Lande und seinen Bewohnern eine führende Stellung im gesamten Deutschtum ...

Wenn wir den Band der Erinnerung der im Weltkrieg gefallenen Dozenten und Studenten der Universität Straßburg gewidmet haben, so erübrigt sich eine Begründung von selbst. Sie haben durch ihr Todesopfer die innige Verbundenheit mit dem Lande besiegelt, das für uns alle, ob wir ihm durch Abstammung oder Lebensarbeit angehörten, die Heimat war und bleibt."

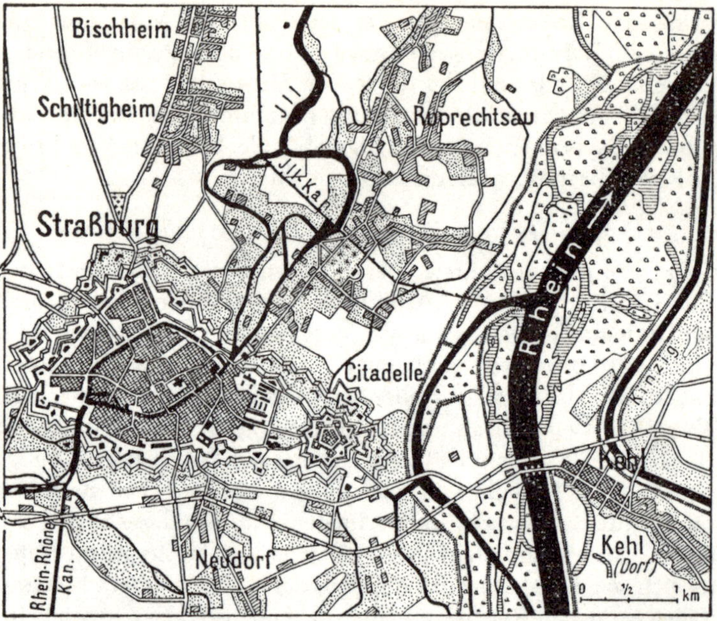


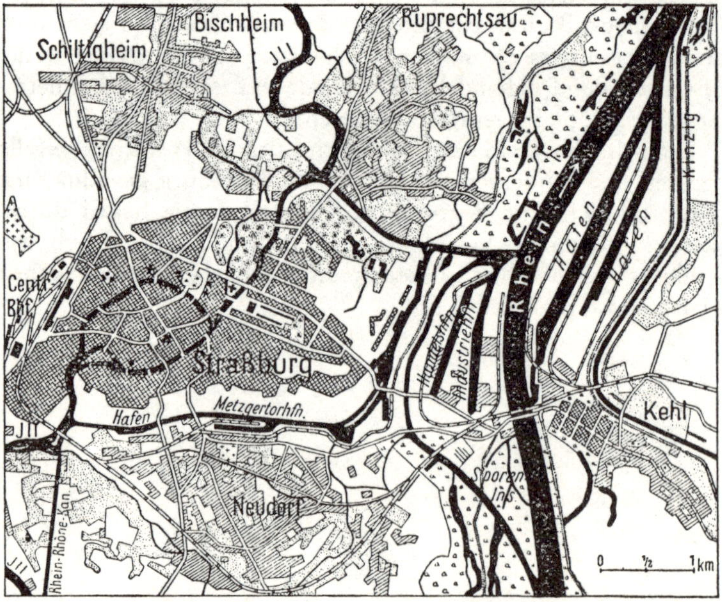


*Abb. 4, 5:* Grundriß Straßburgs 1870 (oben); Grundriß Straßburgs 1912 (unten)

## *Brückenschlag zwischen Einheimischen und Zugezogenen*

Das Sich-aneinander-Gewöhnen der einheimischen Altelsässer und der zugewanderten Altdeutschen hatte Zeit und Geduld gebraucht, bedurfte der Kunst der Menschenbehandlung. Back hatte diese Gabe in hervorragender Weise besessen, Schwander in noch größerem Maße. Dank der Tatsache, daß er aus dem Land stammte — im Volksmund hieß er bald „unser Maire" — gewann er die Einheimischen für die Mitwirkung in den städtischen Körperschaften und Ausschüssen, in den gemeinnützigen Einrichtungen und Vereinen auf sozialem und kulturellem Gebiet. So überbrückte er in der Kommunalarbeit die sonst herrschende Absonderung der Altelsässer und der Zugewanderten im Wirken für das beiden Gruppen am Herzen liegende Gemeinwesen, die alte Stadt Straßburg, im gemeinsamen Tragen ihrer Sorgen, im gemeinsamen Teilnehmen an ihren Erfolgen. Er zog alle Bürger in seine Bestrebungen hinein und suchte ihren eigenverantwortlichen Rat: „Wer will das Gute und wer weiß das Kluge?". Es war „sich wechselseitig befruchtendes Mit- und Ineinanderwirken von Führung und tätiger Bürgerschaft."

### *Gemeinsames Handeln der Alt- und Neu-Elsässer*

Willkürlich herausgegriffene Beispiele des Brückenschlags, auch über die Stadtgrenze hinaus, sind:
— der „Alsatia-Bund", eine gesellige Vereinigung, in der der Bibliotheksdirektor Georg Wolfram führend tätig war;
— die „Wissenschaftliche Gesellschaft" unter Führung der Professoren Adolf Michaelis, Johannes Ficker und Hermann Rehm, „1906 gegründet zur Pflege aller Wissenschaften in Elsaß-Lothringen";
— der „Vogesenclub" unter dem Vorsitz von Professor Bechstein und dem Wanderführer Mündel, Verfasser des „Vogesenhandbuchs";
— der „Straßburger Männergesangverein" mit Neubau des Sängerhauses unter der Vorstandschaft des Altelsässers Professor Heinrich Ehrismann;
— die „Elsaß-Lothringische Mittelpartei", gegründet von Professor Hermann Rehm und Heinrich Ehrismann;
— die „Elsaß-Lothringische Vereinigung" mit ihrer Publikation „Elsaß-Lothringische Kulturfragen": sie wurde im Sommer 1909 gemeinsam von einheimischen Elsaß-Lothringern und im Lande heimisch

gewordenen Altdeutschen gegründet „zu dem Zwecke, die Entwicklung des Reichslandes im deutschen Sinn zu fördern, die herrschenden Gegensätze zwischen den beiden notwendig aufeinander angewiesenen Bevölkerungsteilen zu mildern, ihr Zusammenwachsen zu einem Volksganzen zu begünstigen und entgegengesetzte Bestrebungen abzuwehren" (Satzung). In ihrem Programm stand: „Um den Zwecken der Vereinigung zu dienen, bringen die ‚Elsaß-Lothringischen Kulturfragen' selbständige Untersuchungen über kulturelle und staatliche Probleme und Ereignisse aus Gegenwart und Vergangenheit unseres Heimatlandes und berichten zusammenfassend über Vorgänge und Veröffentlichungen, die für die angestrebte Entwicklung, bei uns oder in benachbarten, mit ähnlichen Schwierigkeiten kämpfenden Ländern, von Bedeutung sind."

— die „Straßburger Gesellschaft für elsässische Literatur" unter Bürgermeister Schwanders Vorsitz;

— die „Straßburger Gesellschaft für deutsche Kultur".

*Die große Aufgabe der Vermittlung und des Ausgleichs*

Eine Persönlichkeit, die solche Bestrebungen beispielhaft verkörperte, war der Orientalist an der Straßburger Universität *Julius Euting*, ein geborener Schwabe.[23]

Er „erkannte die große Aufgabe der Vermittlung und des Ausgleichs, die den Altdeutschen im Elsaß, besonders den Schwaben und Badenern, gestellt war, weil sie als Alemannen den Elsässern näher standen als die übrigen deutschen Volksstämme." Er war Mitbegründer der Sektion Straßburg des Vogesenclubs (1872), deren Leiter fast vierzig Jahre lang, fast sechsunddreißig Jahre Präsident des Gesamtclubs. Als die Universität Tübingen nach fünfzig Jahren sein Doktor-Diplom erneuerte, rühmte sie den Mann, „.. der durch sein Beispiel und seinen Rat seine Mitmenschen dazu ansporne, die Schönheiten ihrer Heimat zu betrachten und liebzugewinnen, und der durch seine Heiterkeit, sein zuvorkommendes Wesen und seine Menschenfreundlichkeit nicht nur seine schwäbischen Landsleute sich verband, sondern auch die neuen Bürger des deutschen Reichs, unter denen er lebte, soviel der einzelne nach seiner Kraft tun kann, für ihr altes Vaterland gewann." Er wohnte im Rohan-Schloß, im Pavillon des nördlichen Flügels: „Den Blick von der Terrasse wie von den meisten seiner Zimmer auf das gegenüberliegende Münster, auf den ruhigen Schloßplatz mit seinen großen Kastanien sowie auf die schönen alten Gebäude ringsum darf man ... als einzigartig bezeichnen" (Hans Graner).

## *Das Straßburger „Protestantische Gymnasium"*

Ein Beispiel für das Zusammenwachsen von Einheimischen und Zugezogenen bot das Straßburger *„Protestantische Gymnasium"*, als humanistische Schule 1538 von der alten Reichsstadt gegründet.[24] Die Lehrer, nach 1871 als Studenten an die neue Straßburger Universität gekommen, blieben im Land. Sie brachten die Anhänglichkeit an ihre Heimat mit — Mecklenburg und Pommern, Mark Brandenburg und Niedersachsen, Schlesien, Sachsen und Thüringen, Rheinland, Baden und Württemberg —, aber sie umfingen das wiedergewonnene Elsaß mit ganzer Liebe. Wie schilderten sie uns Schülern seine wechselvolle Geschichte: Römerherrschaft, Frankenreich, Stauferzeit, Reformation, Frankreichs Raubzug, Französische Revolution, die Straßburger Chronik, den Münsterbau! Wie lebendig wurde uns das Geisteserbe des Elsaß vemittelt: vom Mönch Otfried von Weißenburg, dem Evangelienschreiber, von Herrad von Landsberg, Äbtissin des Klosters Hohenburg-Odilienberg, und ihrem Gedicht „hortus deliciarum", vom Minnesänger Gottfried von Straßburg, vom Mystiker Meister Johannes Tauler, vom Münsterprediger Geiler von Kaisersberg, vom Reformator Martin Bucer, vom Stettmeister Jakob Sturm, vom Stadtschreiber Sebastian Brant, vom Humanisten Jakob Wimpfeling — bis zum Orgelbauer Johann Andreas Silbermann, zum Gründer des Pietismus Philipp Jakob Spener, zum Pfarrer Johann Friedrich Oberlin im armen Vogesental.

Wir durchstreiften das sagenumwobene Gebirge, seine Burgen, Kirchen und kleinen Reichsstädte.

Wie oft strich ich an Sommerabenden durch Straßburgs Gassen, am Illstaden entlang, vorbei an St. Wilhelm, wo wir als Knaben in der Matthäuspassion unter Ernst Münchs Leitung mitsangen, an St. Nicolai, wo ich Albert Schweitzer als Vikar predigen hörte, an St. Thomas, wo er jährlich Orgelkonzerte gab; vorbei am Gasthof „Zum Geist", darin der junge Goethe mit Herder zusammengetroffen war; vorbei am Schloß des Kardinals Rohan; durch das malerische Klein-Frankreich mit Fachwerkhäusern und Wehrtürmen; zu Statthalterpalais und Stadttheater, zu Kaiserpalast und Ministerien, zur Garnisonskirche und der Universität mit der Giebelinschrift „Litteris et Patriae". Straßburg war ein geschichtsträchtiges Gemeinwesen, geprägt vom Stettmeister Jakob Sturm, vom Maire Dietrich, von den Bürgermeistern Otto Back und Rudolf Schwander in lebendiger Gegenwart, durchweht von Erinnerungen an Gutenberg, Erasmus, Calvin, an den Präfekten

Lezay-Marnesia, an den französischen Offizier Rouget de l'Isle, der in Straßburg die „Marseillaise" für die Rheinarmee schuf und im Haus des Maire Dietrich anstimmte — Theodor Heuss sprach einmal von der „erzieherischen Kraft alter Stadtgebilde, die uns geformt hat, ohne daß wir uns dessen bewußt waren."

Auf allen Wegen suchte das Auge den ragenden Münsterturm, vernahm das Ohr die ehernen Schläge aus der Glockenstube hoch droben.

Direktor *Heinrich Veil*, ein Schwabe und Humanist, nannte unsere Schule eine „gesegnete Pflegestätte edler Geistesbildung, treuer und freier protestantischer Religion und rechtschaffenen Straßburger Bürgersinns." Nicht bloß die Verstandeskräfte der Zöglinge sollten entwickelt, vielmehr auch ihr Herz entfaltet, jugendliche Frische bewahrt werden.

Wir Mitschüler — ob einheimisch, ob zugewandert — wuchsen zusammen: Klassentreffen nach Jahrzehnten bewiesen es. Als der Strafrechtslehrer *Eduard Kohlrausch*, Abiturient des Gymnasiums von 1893, zwanzig Jahre später von der am entgegengesetzten Grenzsaum Deutschlands liegenden Universität Königsberg, einem Rufe folgend, nach Straßburg zurückkehrte, leuchtete die hiesige Gymnasiastenzeit in seiner Erinnerung und besonnte sein Wesen.

### *Hochburg humanistischer Kultur*

Das Straßburger Protestantische Gymnasium strahlte in Stadt und Land aus und wahrte humanistische Kultur.

Im Jahresbericht 1914 beschrieb Direktor Veil die Schulfeier von 1913, „wo Schüler unserer Prima Sophokles' gewaltige Tragödie ‚König Ödipus' zu einer Wirkung brachten, die nicht nur die atemlos lauschende und schauende Jugend, sondern auch bejahrte Männer und Frauen im Innersten ergriff und erschütterte... Es war unverkennbar, daß das Beste, was sie darboten, Innigkeit, Tiefe und Wahrheit der Empfindung, der künstlerischen Kraft des Dichters selbst entsprang, der sich ihrer jugendlich empfänglichen Seele bemächtigt und sie sich dienstbar gemacht hatte."

Direktor Veil vermittelte uns politisches Denken und humanes Urteil. Es leuchtete hervor aus seiner Studie „Zur Frage der tragischen Schuld in Sophokles' König Ödipus und Antigone".

Unter seiner Leitung — dank tüchtiger Lehrer, und förderlichem Umgang mit den Jugendgefährten — wurden wir fürs Leben gerüstet. Mit allen fünf Sinnen nahmen wir den geistigen Raum der Stadt Straßburg, des Elsaßlandes im Längsschnitt der Geschichte, im Querschnitt der Gegenwart in uns auf, gewannen Einsichten und Überzeugungen für immer.

Unwägbar waren die Abschiedsreden, die unser Direktor an die Abiturienten bei der Schulentlassung richtete. Auf vielfachen Wunsch erschienen sie als Buch unter dem Titel „Am Scheideweg — Richtlinien und Leitsterne für unsere ins Leben hinaustretenden Söhne — meinen ehemaligen und gegenwärtigen Schülern in aufrichtiger Liebe zugeeignet", ein Denkmal seiner Erzieherpersönlichkeit.

Die Anhänglichkeit an unsere Schule wurde offenbar bei der Wiedersehensfeier 1964 von Konabiturienten des Jahres 1914, also nach einem halben Jahrhundert. Wieviele Mitschüler waren freilich im Ersten Weltkrieg gefallen oder inzwischen verstorben!

### *Eine Fülle großer Namen*

Aus der Anstalt sind während ihres vierhundertjährigen Bestehens namhafte Männer hervorgegangen, durch besondere Leistungen sich auszeichnend:

Johann Michael Moscherosch, Staatsmann, Satiriker (1601 — 1669)
der Orgelbauer Johann Andreas Silbermann (1712 — 1783)
der Pfarrer Johann Friedrich Oberlin (1740 — 1826)
der Straßburger Maire Friedrich von Dietrich, in dessen Wohnung der südfranzösische Leutnant Rouget de l'Isle 1792 zum erstenmal seine Komposition „Allons, enfants de la patrie ...", die „Marseillaise", vortrug (als „Chant de guerre pour l'armée du Rhin")
Ferdinand Graf Eckbrecht Dürckheim, Präfekt im Elsaß (1812—1891)
Pfarrer Karl Hackenschmidt, elsässischer Liederdichter (1839—1915)
Pfarrer Louis Schweitzer, Albert Schweitzers Vater
Eduard Reuss, Theologe (1804—1891)
Victor Neßler, Komponist (1841—1890)
Max von Laue, Nobelpreisträger der Physik (1879—1960)
Eduard Kohlrausch, Strafrechtslehrer (1874—1948)
Generaloberst Hans von Seeckt (1866—1936)
Ludwig Dehio, Neuhistoriker (1888—1963)
Ernst Stadler, Literaturhistoriker, Dichter (1883—1914)
Ernst Robert Curtius, Romanist (1886—1956)
Hans Ficker, Zivilrechtslehrer (geb. 1897)
Hermann Chiari, Anatom (geb. 1897)
Kurt Leese, Philosoph (geb. 1894)
Friedrich Smend, Kirchenmusikhistoriker (geb. 1894)

Heinrich Spitta, Komponist (geb. 1902)
Walther Rehm, Literarhistoriker (1901—1963)
Robert Ernst, Oberbürgermeister von Straßburg (1897—1980)
August Raabe, Neugermanist (Schillerforscher) (geb. 1886)
Chary Münch, der „französische Furtwängler" (1891—1968)
Robert Minder, Germanist an der Sorbonne und am Institut de France (1902—1980)
Franz Büchler, Schriftsteller (geb. 1904)

### *Geistige Einheit und Vielfalt*

Im Lehrkörper waren viele deutsche Stämme vertreten, so besonders das Schwabenland. Dorther kam unser verehrter Direktor Heinrich Veil — er stammte aus Schorndorf —, unser hochgeschätzter Professor Alfred Häberle, ein Arztsohn aus Stetten im Remstal — er kam nach der Vertreibung aus Straßburg 1919 ans Dillmann-Gymnasium in Stuttgart; was er uns Primanern in seiner „Philosophischen Propädeutik" bot, war Wegzehrung fürs Leben.

An unserem Gymnasium in Straßburg lehrte der Tübinger Stiftler Theobald Ziegler, bevor er den philosophischen Lehrstuhl der Straßburger Universität übernahm. Auch Professor Karl Hartmann ist zu nennen, ehemaliger schwäbischer Theologe und dann anerkannter Philologe und Schulleiter.

Zum Lehrkörper gehörte auch Professor Hergesell, Luftfahrtbahnbrecher, der Geograph Langenbeck, Professor Bechstein, Vorsitzender des Vogesenclubs, Professor Heinrich Ehrismann, Präsident des Straßburger Männergesangvereins und Gemeinderat; Professor Ernst Münch, der bedeutende Musikpädagoge und Chorleiter; der Romanist Ernst Robert Curtius.

In der Schule wurden wir gründlich mit französischer Geschichte und Literatur befaßt, mit Lafontaines Fabeln und Molières Lustspielen befreundet, in der Sprache geübt, zur Hochachtung vor französischer Kultur angeleitet, zur Toleranz erzogen.

In unserem Deutschtum wurden wir gefestigt durch Tacitus „Germania", durch das Nibelungenlied, durch Luthers Sendschreiben an seine lieben Deutschen, durch Lessings Dramen und Schriften, durch Schillers und Goethes Schauspiele, Gedichte, Epen, „Dichtung und Wahrheit". Ein Aufsatzthema in der Prima lautete: „Wie befolgt Goethe in ‚Hermann und Dorothea' die Regeln, die Lessing über die poetische Malerei in seiner Schrift ‚Laokoon' entwickelt hat?" — ich habe es mit Lust und Liebe bearbeitet.

Mit allen fünf Sinnen erlebten wir Jungen die Gegenwart, die Kaiserparaden des XV. Armeekorps, das wirtschaftliche und kulturelle Aufblühen der Stadt.

Die Wahrheit des Satzes, das Beste an der Geschichte sei der Enthusiasmus, den sie errege, haben wir an uns erfahren. Wir erhielten im Gymnasium einen wahrhaft zündenden Unterricht. In uns glühte Vaterlandsliebe und Hingabebereitschaft, entfacht durch die antiken und germanischen Heldenepen, durch Schiller, Kleist, Theodor Körner und Ernst Moritz Arndt. Wir begeisterten uns für den Alten Fritz, für Blücher und Gneisenau, für die Freiheitskämpfer von 1813, für Moltke und die Krieger von 1870. Der römische Spruch „dulce et decorum est pro patria mori" brannte sich in unsere Herzen ein, wurde ein Glaubensartikel. All diese Einflüsse nahmen wir mit offenen Herzen in uns auf.

*Abb. 6:* Das erste Siegel der Straßburger Hohen Schule (vor 1567)

*Abb. 7:* Das Protestantische Gymnasium

## *Politische Spannungen und konfessionelle Spaltung im Grenzland*

Im Grenzland spürten wir stärker als anderswo die politischen Spannungen. Frankreich, der „Erbfeind", stand vor der Tür.

Wir beobachteten aus der Nähe die Reibungen zwischen den Altelsässern in ihrer alemannischen Eigenwilligkeit und einzelnen preußischen Beamten und Militärs. Wir erlebten mit: die leidige Zabernaffäre, den Übergriff eines unreifen Leutnants gegenüber harmlosen Bürgern, und die Straßburger Aschermittwochsparade, als die Garnison auf ein vorgetäuschtes Telegramm des Kaisers hin feldmarschmäßig auf dem großen Exerzierplatz antrat und — ein ganzes Armeekorps mit der Generalität, auch den Spitzen der Behörden, dem Statthalter und dem jüngsten Kaisersohn, der in Straßburg studierte — die Ankunft Seiner Majestät erwartete und nach erkannter Täuschung wieder abrückte.

Die sogenannte Bourgeosie gab sich bewußt welsch und frönte dem „culte du passé", napoleonischer Vergangenheit. Nur wenige Mitschüler gehörten dazu. Die meisten altelsässischen Familien wurzelten in der deutschen Kultur und bekannten sich zu ihr, auch dank ihrer Muttersprache. Man denke an Goethes Eindruck vom Sesenheimer Pfarrhaus. Unter unseren Klassenkameraden hatten mehrere den Familiennamen Brion, wie einst die junge Friederike, deren Grabstein die Inschrift trägt: „Ein Strahl der Dichtersonne fiel auf sie, so reich, daß er Unsterblichkeit ihr lieh".

### *Ganz langsam begann der Riß sich zu schließen Beginn einer entschlossenen Neuorientierung*

Bei der Berührung mit Altelsässern gewannen die Professoren der Straßburger Universität den allgemeinen Eindruck — so berichtet *Friedrich Meinecke* —, „daß in der Tiefe ganz langsam der Riß sich zu schließen beginne und nicht nur die deutsche Grundnatur, die unvertilgbar war, sondern auch das deutsche Bewußtsein des Elsässers im Erwachen sei."

Zum Hineinwachsen ins Deutsche Reich half auch die wirtschaftliche Entwicklung. Bürgermeister *Rudolf Schwander* kennzeichnete sie in einem rückblickenden Aufsatz von 1931: „Wirtschaftlich war Elsaß-Lothringen nicht übermäßig schwer an das Reich zu binden, das so sehr im Zeichen des Aufschwungs stand. Auch brauche ich nur flüchtig hinzudeuten auf das Erz in Lothringen, das Kali im Oberelsaß, auf die Großtat der Rheinregulierung, jene hochbedeutenden Momente, die neu hinzukamen zu der schon so lange blühenden Produktion in Gewerbe, Industrie und Landwirtschaft. Man wird verstehen: Beim Kriegsausbruch 1914 ist Elsaß-Lothringen wirtschaftlich groß im Zuge. Die Kenner jener Epoche wissen den fördernden Anteil des Reiches an dieser blühenden Entwicklung zu schätzen. Kurzum, vom wirtschaftlichen Gesichtspunkt aus hatte man im Reichsland keinerlei Grund, eine Veränderung solcher Art zu wünschen, wie der Ausgang des Kriegs sie gebracht hat. Und man wünschte sie auch nicht ...

Der laute Stimmungston der neuen Protestler (Bucher und sein Kreis) hätte nicht lange mehr über das Schwergewicht der wirklichen Verhältnisse hinwegtäuschen können. In den elsässischen Parteien reiften Kräfte heran, die nicht mehr bereit waren, bei jedem Aufbrausen jenes Stimmungstones sich zu ducken und ihre wahre Überzeugung mit Rücksicht auf die Überlieferung zu verleugnen. Man hörte immer mehr die sehr vernehmlichen Rufe eines jungen elsässischen Geschlechts, das einem großdeutschen Geistesleben zustrebte. Die Zeit arbeitete notwendig für Deutschland, aber sie wurde vor der Zeit abgeschnitten."[25]

## *Die Rolle der elsässischen Bourgeoisie*

*Elly Heuss-Knapp* berichtete rückblickend im Jahr 1934 aus genauer Kenntnis von Land und Leuten über die elsässischen „Notabeln": „Dies war die kleine industrielle Oberschicht, die sich ... nicht abhalten ließ, weiterhin französisch zu reden. Dies war ja der einzige Kreis im Land, der wirklich mit der großen Revolution französisch geworden war, in Sprache, Sitte und Gesinnung. Das Volk, die Bauern und Kleinbürger, beurteilten die Regierung danach, ob sie viel oder wenig Steuern zahlen mußten. Sie hatten kein eigentliches Staatsgefühl. Desto stärker war ihr Heimatbewußtsein, und das war alemannisch-deutsch, wie ihre Sprache. Die Arbeiter aber fühlten sich zur deutschen Arbeiterschaft gehörig und haben bis heute die Errungenschaften der deutschen Sozialpolitik zu bewahren gesucht. Auf das Volkstum hätte die deutsche Regierung aufbauen müssen. Daß sie es nicht genügend tat, das empfanden wir mit brennendem Schmerz."[26] Der heutige Kenntnisstand der Geschichtsforschung bestätigt diese Beoabachtung und Empfindung von Elly Heuss-Knapp.

*Georg Dehio* zeichnete, nach jahrelanger Beobachtung und mit geschärftem untrüglichem Blick, ein Charakterbild der *elsässischen Bourgeoisie*[27]:

„Sie ist kein elsässisch bodenständiges Gewächs, sondern rein eine Kopie der französischen Bourgeoisie, wie diese aus der Revolution hervorgegangen war. Einige Äußerlichkeiten wurden aus der heimischen Überlieferung herübergenommen, das Lebensideal wurde französisch...

Der Elsässer der Oberschicht spricht französisch bei den Gelegenheiten, wo er seinen guten Rock anzieht, und seine Muttersprache, wenn er seinen Hausrock anhat ... Für den gebildeten oder gebildet sein wollenden Elsässer ist die Überlegenheit der französischen Geisteskultur über die deutsche ein fester Glaubenssatz ...

Für alle aber hat der Gebrauch der französischen Sprache noch eine zweite, im Grunde wichtigere Bedeutung: diese sich demokratisch dünkenden Bourgeois fühlen sich dadurch mit Behagen als Aristokraten gegenüber dem des Französischen unkundigen Teil ihrer Landsleute."

Prägend war die große Verschiebung der sozialen Schichten seit der Revolution. Dehio: „Die bisherige Oberschicht war weggeschwemmt, die neu entstandene, traditionslose Bourgeoisie übernahm die Führung. Ihr höchster, nie ganz erfolgreicher Ehrgeiz war, in die französische Bourgeoisie, ihr Muster, als ebenbürtig aufgenommen zu werden. Durch ihre Tüchtigkeit im Erwerbsleben gewann sie sich Achtung ...

Das seit 1871 bestehende sogenannte *elsässische Problem* ist allein das Problem dieser *Bourgeoisie.* Sie fühlte ganz richtig, daß sie nur in einem französisch denkenden Staate fortexistieren könnte. Gegen den deutschen Staat kehrte sie sich nicht so sehr, weil er deutsch war, sondern weil er Forderungen stellte, die ihr neu und unwillkommen waren. Die oft angerufene ‚Kultur' hat in der ganzen Auseinandersetzung nur eine kleine Rolle gespielt. So kam es, daß die elsässische Oberschicht nach 1871 mit Beschleunigung ihr deutsches Volksgefühl preisgab, weil sie von ihrem französisch gearteten Staatsgefühl nicht lassen wollte. Das einzige, was sie an das Land fesselte (ein großer Teil ist indessen nach und nach doch abgewandert) war ihr *Heimatgefühl* und dieses prägte sich in ihrem Bewußtsein um so schärfer aus, je mehr es Ersatz für das in Verwirrung geratene und verdunkelte Volksgefühl werden mußte.

... Die große Masse fühlte weder von Deutschland noch von Frankreich sich entscheidend angezogen; sie hätte, wenn sie frei ihr Schicksal sich hätte gestalten können, am liebsten einen neutralen Staat ... gebildet. Hier zeigt der alte staatlose Sinn aus der Zeit vor der Revolution sich als der dauerhafteste Kern. Das Heimatgefühl bewährt sich als das allein Kraftvolle und Lebendige, es muß Ersatz sein sowohl für das Volksgefühl, als für das Staatsgefühl."

Gefährlich für das Deutschtum im Elsaß wurde der Straßburger Arzt *Dr. Pierre Bucher* mit seiner Zeitschrift „Elsässische Rundschau", mit der Tendenz des von ihm gegründeten „Elsässischen Museums", der Aufführung französischer Theaterstücke, der Vorträge auswärtiger Redner. Er bildete ein geistiges Zentrum französischer Kultur, das „la rêve française" wirksam erhielt, in völlig abgesondertem Eigenleben innerhalb der Stadt Straßburg.

Über Buchers geheime Wühlarbeit berichtet eine 1918 in einem Schweizer Verlag (Ferdinand Wyss) erschienene dokumentarische Schrift „Zehn Jahre Minenkrieg im Frieden". Anhand enthüllender Briefe der Träger von Frankreichs planmäßiger Propaganda in Elsaß-Lothringen tritt das politische Ziel zutage: Wecken der Revanche, Rückgewinnung der verlorenen Provinzen Elsaß und Lothringen. Die äußerlich betonte „Kulturmission" war Mittel zum Zweck:[28]

„Die Wortführer der französischen Propaganda im Elsaß erkannten um die Wende des Jahrhunderts, daß der Boden für ihre Betätigung erst mit großer Vorsicht bearbeitet werden müßte. Das Land sehnte sich nach Ruhe und stetiger Entwicklung im Rahmen des deutschen Reiches. Deshalb durfte nur langsam und geschickt das Gift in die Seele der Bevölkerung geträufelt werden. Ihre Empfänglichkeit für die im Laufe der Jahre verblassende Erinnerung an die französische Vergangenheit wurde künstlich angefacht. Es wurde ihr eine französische Eigenart angedichtet, die die weit überwiegende Mehrheit der Bevölkerung nie besessen hat. Aus dieser künstlich erzeugten Stimmung heraus fand dann die Ablehnung des Deutschtums im Lande neue Nahrung und verstieg sich oft in scharfe politische Opposition."

### *Die Bedeutung der konfessionellen Verhältnisse*

Zu den politischen Gegensätzen traten die konfessionellen Verschiedenheiten hinzu. Die Grundhaltung der Professorenschaft der Universität war — dank ihrer Zugehörigkeit zur lutherischen oder reformierten Kirche — protestantisch. Das elsässische Volk hingegen war überwiegend katholisch. An der 1872 gegründeten Reichsuniversität war keine katholische Fakultät geschaffen worden. Die Ausbildung des Klerus oblag dem bischöflichen Seminar in Straßburg, baulich streng abgeschlossen im Schatten des Münsters, ohne Beziehung zum deutschen Geistesleben, vielmehr verharrend in französischer Tradition. Das war am Erscheinungsbild der alten und jungen Geistlichen zu erkennen, auch in ihrer Wirksamkeit zu spüren und dem Deutschtum abträglich. In den evangelischen Kirchengemeinden hingegen entstand ein natürlicher Zusammenklang zwischen religiösem Glaubensleben und deutschem Empfinden des alemannischen Menschenschlags — es war urwüchsiges elsässisches Volkstum, wie es sich im Mittelalter, in der Reformationszeit entfaltet hatte.

Der katholische Volksteil wurde seiner unnatürlichen Bindung an französische Denkungsart entfremdet durch den dortigen Laizismus, die weltliche Schule im Gefolge der Trennung von Staat und Kirche, die Vertreibung der Orden. Als nun gar um die Jahrhundertwende an der Straßburger Universität eine katholische Fakultät errichtet und vom Priesternachwuchs besucht wurde, ward künftig auch das katholische Pfarrhaus, wie zuvor das evangelische, eine Pflegestätte deutscher Kultur, ausstrahlend in die Kirchengemeinde und ihre Familien.[29]

### *Vom Dualismus zu einer bewußten Einheit mit Deutschland hin*

Wäre die Entwicklung ungestört geblieben, so hätten sich die Elsässer dank ihrer alemannischen Herkunft unverkrampft als Angehörige der deutschen Nation betrachtet und empfunden.

*Elly Heuss-Knapp* hatte wohl recht mit dem Urteil: „Begegnungen und Widerstände überdauern selten eine Generation. In den Enkeln flammen sie noch einmal auf, aber doch im romantischen Sinn. Ausschlaggebend ist die Sprache. Fast unverändert erhielt sich die Sprachgrenze seit den Zeiten Karls des Großen, und wenn 1871 Fragen des Volkstums ausschlaggebend gewesen wären, so wäre das deutschsprechende Elsaß eben deutsch und das französischsprechende Lothringen französisch geworden." Elly Heuss fügt hinzu (1934): „Während ich dies schreibe, sehe ich auf die schneebedeckte Kette der Vogesen, hinter der das Abendrot steht. ‚Hoher Wald, du bleibst die reine Grenze unseres lieben Lauts'."[30]

Ein Freund, nach der letzten Jahrhundertwende als Sproß einer altelsässischen Familie im Lande aufgewachsen, bezeugte in einem persönlichen Brief vom 12. Januar 1982, wie nahe wir 1914 an einer befriedeten und befriedigenden Entwicklung waren: „Ich bin einer jener — damals — jungen, noch sehr jungen Elsässer, für die der Dualismus ‚Elsässer — bewußter Deutscher' eigentlich keiner mehr war. Wir von der Generation, die den schmerzlichen Übergang nach 1870 nicht mehr im Blut und im Bewußtsein hatten, waren auf dem besten Wege, diesen Dualismus zu einer sehr bewußten Einheit zu verschmelzen, eine neue bewußt deutsche Bildungsschicht zu werden und als führende Schicht die des bourgeoisen Bildungsschwindels abzulösen. Zwanzig Jahre hätten genügt, dann hätte Frankreich nichts mehr in Elsaß-Lothringen zu melden gehabt. Das wußte es auch, Tardieu, ein Gesandter Poincaré's, hat es 1913 oder 1914 auch sehr deutlich empfunden und ausgesprochen ...".

### *Der entscheidende Punkt: die deutsche Niederlage von 1918*

Der Altelsässer *Fritz Bronner*, einer Rebbesitzerfamilie in Reichenweier entstammend, stellt am Ende seiner gewissenhaften und umfassenden Untersuchung über die Eingliederung Elsaß-Lothringens in das Deutsche Reich schlicht und kurz fest: „Hätte das neue Reich nach dem Zeitalter des Reichsgründers nicht den Ersten Weltkrieg verloren, wären das Elsaß und Deutsch-Lothringen ebenso deutsche Länder geworden wie die anderen."[31]

## *Machtwechsel im Elsaß und seine Auswirkungen*

Lebendiger als anderswo ließ sich in Straßburg — nach den Worten *Otto Mayers*, des ersten Verwaltungsrechtslehrers der dortigen Universität — das Wehen der Weltgeschichte verspüren und der Lebensodem der ringenden Nationen. Wie wandelbar das geschichtliche Leben ist, das hat das Grenzland zu spüren bekommen, mehr als einmal, auch in unserem Jahrhundert.

Am Anfang stehe das Urteil *Wilhelm Kapps*, des gründlichen Forschers und Kenners von Land und Leuten: „Das Elsaß ist alter klassischer deutscher Kulturboden, es war ein Hauptherd deutschen Geisteslebens von der Höhe des Mittelalters an bis weit in die französische Zeit hinein, wenn auch die eigentlich schöpferische Periode mit der Besetzung des Landes durch Frankreich allmählich aufhört. Gebend und nehmend hatte das Elsaß an der allgemeinen deutschen Kultur teil, und alles, was es selbst schöpferisch-bildend hervorbrachte, trug die charakteristischen Merkmale deutscher Kulturnationalität. Aber ebenso war das Elsaß von jeher klassisch *religiöser* Boden, ein Land, in dem sich alles, was in der deutschen religiösen Entwicklung epochemachend wirkte, ganz besonders scharf abzeichnete: deutsche Mystik, religiöser Humanismus, Reformation, Gegenreformation, Pietismus, Aufklärung, Liberalismus, Ultramontanismus, Bildungsprotestantismus, alles dies hat im Elsaß seine charakteristische Vertretung und Ausprägung gefunden."[32]

„Der Elsässer der zwischen dem Rhein und den sonnigen, mit Reben bestandenen Vogesenabhängen gelegenen Ebene, die mit volkreichen Städten, Städtchen und Dörfern über und über besät ist, ist von Haus aus lebendigen, beweglichen, betriebsamen Geistes, mit starker Neigung zur Opposition, Kritik und wenig Sinn für Autorität, um so mehr aufgeschlossen dagegen für demokratische Schlagworte und radikale Programme."[33] „Die französische Seele des Elsässers, der man in Deutschland Rechnung tragen sollte, war schließlich doch ein Phantom, wenn man sich das wirkliche Volk in Stadt und Land vergegenwärtigte. Dieser Kern des Elsässertums war nichts weniger als zwitterhaft oder gar verwelscht. Es lebte, ohne daß es ihm recht bewußt war, naturhaft deutsch wie nur irgend ein Volksteil im Reich, und wenn es auch eine gewisse Schwäche für französische Sentimentalitäten hatte und es gerne hörte, daß im Elsässischen ein Schuß französischen Geistes sei, so beirrten solche Empfindungen dieses Elsässertum nicht in seiner staatlichen Loyalität und Treue."[34]

Es war ein natürlicher Wunsch des deutschen Volkes, das Elsaß 1870/71 zurückzugewinnen, entspringend geschichtlichem Bewußtsein vom einstigen Rang des Landes im Mittelalter und in der Reformationszeit, vom Ruhm seiner Bauwerke und Kunstschätze, seiner Sagen und Lieder, allen voran von „Straßburg, der wunderschönen Stadt", von „Straßburg auf der Schanz" — das hallte in deutschen Herzen wider. Das Straßburger Münster wurde zum Sinnbild der Zusammengehörigkeit.

Der Historiker und Journalist *Alfred Dove* schrieb in den „Grenzboten" am 26. Juli 1870, also zu Beginn des soeben ausgebrochenen Krieges: „Elsaß und Lothringen, soweit es deutsch ist, — das ist auf allen Lippen"; so auch sein persönliches Verlangen — nicht weniger, aber auch nicht mehr.[35]

### *Nach den Siegen im August 1870: Forderung nach „Heimholung der verlorenen Söhne"*

Im August 1870, nach den deutschen Siegen bei Wörth und Weißenburg, erhob der Historiker *Heinrich von Treitschke,* Herold der deutschen Geschichte, seine Stimme und gab in einem Aufsatz „Was fordern wir von Frankreich?" der öffentlichen Meinung Ausdruck, ja wies ihr die Richtung und begründete sie. Er hub an:

„Der Gedanke ..., welcher, zuerst leise und anklopfend wie ein verschämter Wunsch, in vier raschen Wochen zum mächtigen Feldgeschrei der Nation wurde, lautet kurzab: heraus mit dem alten Raube, heraus mit Elsaß und Lothringen. Soll ich die Gründe aufzählen, welche uns zu solcher Forderung verpflichten, so wird mir zumute, als sollte ich beweisen, daß die Kugel rund ist."

Treitschke schrieb den Elsässern herbe Worte ins Stammbuch: „Diese Lande sind unser nach dem Rechte des Schwertes und wir wollen über sie verfügen kraft eines höheren Rechtes, kraft des Rechtes der deutschen Nation, die ihren verlorenen Söhnen nicht gestatten kann, sich für immer dem Deutschen Reiche zu entfremden ... Wir wollen ihnen wider ihren Willen ihr eigenes Selbst zurückgeben."[36]

Wie ergreifend klingt aus dem Munde der Elsässer *August und Adolf Stöber* die Mahnung aus ihren Liedern an die Straßburger: „Soll eure Söhn' umwinden der Treue festes Band, und soll sie ewig binden ans deutsche Vaterland!" — „Unsere ganze Hoffnung ruht auf dem Wiedererwachen des freien deutschen Geistes." — „In denselben Marken des Westens, wo unser altes Reich die tiefste Schmach erduldete, wird heute durch deutsche Siege das neue Reich vollendet."[37]

Der schwäbische Schriftsteller *Berthold Auerbach*, im August 1870 als Kriegsberichterstatter ins Elsaß entsandt, hielt zu Beginn seiner Reise fest: „Eine ruhige Zeit wird sich kaum mehr eine Vorstellung bilden können von der festen und beharrlichen Bewegung aller Volkskräfte, wie von der Gehobenheit des Gemütslebens in diesen Tagen.“[38]

### *„Da wohnt ein Bruder mein ...“*

Die „Heimkehr“ des Bruders wurde als Wunschtraum gehegt und gepflegt. Dichter verliehen ihm Worte. So ersann *Berthold Auerbach* auf Anregung des Prinzen Wilhelm von Baden ein „Lied der deutschen Soldaten im Elsaß“, (nach der Singweise: Ich hatt' einen Kameraden) — es wurde als Flugblatt ohne Namen gedruckt und dem gesamten Belagerungsheer von Straßburg ausgeteilt:

## Vor Straßburg

1.

Im Elsaß, über dem Rheine,
Da wohnt ein Bruder mein,
Wie thut's das Herz mir pressen,
Er hat es schier vergessen,
:,:Was wir einander sein.:,:

2.

Mein armer, guter Bruder!
Hast du dich denn verwälscht?
Geraubt von den Franzosen,
Trägst du die rothen Hosen —
:,:Ist auch dein Herz verfälscht?:,:

3.

Horch auf! Sie ist nun kommen,
Die lang ersehnte Zeit:
Wir haben nun ein Deutschland,
Ein einig starkes Vaterland,
:,:Vorbei ist Zank und Streit:,:

4.

Und dich auch haben wir wieder,
Komm Bruder, komm nur her!

Du bist mit Blut erstritten,
Du bleibst in unsrer Mitten,
:,:Wir trennen uns nimmermehr!:,:

* * *

Wer hat das Lied gesungen?
Wer hat das Lied erdacht?
Ein Pommer und ein Schwabe,
Die gute Kameradschaft haben
:,:In der Schlacht und auf der Wacht:,:

Der Altphilologe *Ulrich von Wilamowitz-Moellendorff* berichtete in seinen „Erinnerungen" von den Kriegserlebnissen als Grenadier während der Belagerung von Paris im Winter 1870: Im Dorf Bonneuil kam er in ein politisches Gespräch mit seiner Quartierwirtin: „Vom Elsaß sprach man auch manchmal, und es war wohl nur die Zuneigung meiner Wirtin, daß sie nach einer energischen Verteidigung unseres alten Rechtes meine Hand ergriff ‚eh bien, je vous donne l'Alsace'. Aber die Umstehenden protestierten nicht; wenn wir gegen Abend beisammen saßen, kamen gewöhnlich Leute vom Markte herein, an dem Gespräch mit dem petit Prussien teilzunehmen."[39]

### *„Ich sah mein Elsaß ein neues, selbständiges Volk werden"*

Den Ehrennamen eines „Elsässischen Patrioten" trug *Ferdinand Graf Eckbrecht von Dürckheim* (1812—1891) mit Recht. Er hatte dem französischen Staat in hohen Verwaltungsämtern pflichtbewußt gedient, aber auch die Mahnung seines elsässischen Landsmannes Matter, Generalinspektor des Unterrichts, befolgt, der ihm sagte: „Vergessen Sie Ihr schönes Deutsch nicht, denn wir Elsässer verdanken doch im Grunde den Deutschen unsere Kraft und unseren geistigen Wert, der anfängt, in Frankreich Geltung zu gewinnen." Dürckheim hatte in seiner Jugend das Straßburger Protestantische Gymnasium besucht. Nach 1870 entschied er sich für Deutschland, trennte sich aber nicht leichten Herzens vom „Adoptivvaterland" Frankreich. Er schrieb in seinen Lebenserinnerungen: „Obgleich ich durch Erziehung, Familienbande, Studien und Überzeugungen politischer und moralischer Natur zu Deutschland hinneigte, war dennoch die Annexion ein schmerzlicher Schlag, der mich von so vielen Freunden, von so werten Erinnerungen losreißen sollte." In einer inneren Eingebung erkannte er eine glückliche Zukunft für seine Heimat: „Ich sah mein Elsaß, frei von fremder

Form, frei von fremden Angewöhnungen, ein neues, selbständiges Volk werden. Aus drei kleinen Départements ohne eigenen Willen, ohne eigene Initiative, von der Laune ihrer jeweiligen Präfekten geleitet, sah ich es zu einem homogenen Staatskörper, mit eigener Volksvertretung, eigener Verwaltung und Gesetzgebung emporgehoben. Die Überzeugung, nicht das Gefühl allein hatte mich ermächtigt, meinem Lande kühn zuzurufen: Mein Elsaß, du wirst wachsen und groß werden unter deutschem Schutze; du wirst wieder in deiner deutschen Natur die originelle Urwüchsigkeit finden, welche dir fremde Verhältnisse, lange Angewöhnungen nach und nach oberflächlich mit unechter Farbe übertüncht hatten. Du mußt unter deutschem Schutze gedeihen, weil dein innerer Kern urdeutsch geblieben ist."[40]

*Auch Jubel fehlte nicht*

So empfand und dachte auch sein Landsmann, Pfarrer *Karl Hackenschmidt* (1839-1915), aus alter Straßburger Handwerkerfamilie, wie sein Vater Schüler des Protestantischen Gymnasiums, wohl gleichzeitig mit Louis Schweitzer, dem Vater Albert Schweitzers. Von Jugend an welscher Art und Herrschaft abhold, gibt er der Freude über die Rückkehr der Heimat zu Deutschland leidenschaftlichen Ausdruck:

„Mein Elsaß deutsch! Mein Elsaß frei,
Mir ist, als träumt' ich noch.
Ist's Wahrheit? Ist der Strick entzwei?
Zersprengt das fremde Joch?
Liegt wieder in der Mutter Arm
Der längst verlor'ne Sohn?
Schallt wieder frei, so frisch und warm
der Muttersprache Ton?
Nun, brich mir nicht von sel'ger Lust,
Mein Herz, mein deutsches Herz!
Nun steige aus befreiter Brust
Mein Danklied himmelwärts!"[41]

In seiner Studie „Die Universität Straßburg vom 16. Jahrhundert bis 1918" rühmt *Gustav Anrich* den Theologieprofessor *Eduard Reuß* als „eigentliches Bindeglied zwischen alter und neuer Zeit", als Meister der deutschen Sprache, „die er in goldenen, unvergeßlichen Worten als die naturgegebene Sprache des Elsaß gepriesen." Im Jahr 1838 hatte er in einem berühmt gewordenen Aufsatz „Wir reden deutsch!" ausgerufen:

„Deutsch müssen wir predigen und singen, schreiben und reden, beten und dichten. Nur unter dieser Bedingung sind wir treu und fromm, tapfer und freiheitliebend. Nehmt uns unsere Sprache — ihr erzieht euch ein Volk von Sklaven, denen ihr selber nicht mehr trauen möget." Dieser Gedanke wurde und wird viel zitiert — und wenig beherzigt!

Sein Sohn *Rudolf Reuss* hingegen entschied sich unter dem Eindruck der Belagerung Straßburgs und der Vernichtung der unwiederbringlichen Bibliothek im Chor der „Neuen Kirche" durch Granatfeuer — „ein Verrat an der Kultur!", „un crime de lèse-civilisation!" — für Frankreich. In einem offenen Schreiben vom 14. Februar 1871 an Heinrich von Treitschke bekämpfte er heftig dessen Aufsatz vom 30. August 1870 „Was fordern wir von Frankreich?"[42]

*Warten auf die Rückkehr der Franzosen*

Im Erinnerungsbuch „Ausblick vom Münsterturm" erzählt *Elly Heuss-Knapp* aus ihrer Straßburger Jugendzeit vom greisen Professor *Köberle,* vor 1870 in französischer Zeit Mitglied der medizinischen Fakultät und berühmter Geburtshelfer, eine Anekdote: „Er habe sein Haus am Staden fest verrammelt beim Einzug der Deutschen, und er bewohnte tatsächlich nur einen Teil seines Hauses nach der Gartenseite zu. Die Läden des Vorderhauses sollten erst wieder geöffnet werden, wenn die Franzosen wiederkämen." Elly Heuss-Knapp fuhr in ihrem Bericht fort: „Also am St. Nimmerleinstag, dachte ich mit einem gelinden Mitleid ..."[43] Der alte Köberle hat den November 1918 freilich wohl nicht mehr erlebt.

*Mit bangem Herzen „Franzose werden"*

Im Schicksalsjahr 1918 wurde uns Deutschen das Land, die Stadt nach einem halben Jahrhundert durch den unglücklichen Kriegsausgang wieder entrissen.

*Friedrich Meinecke* schildert in seinen Lebenserinnerungen die Berliner „Mittwoch-Abende", eine Gesprächsrunde beim Historiker Hans Delbrück, und jenes schmerzliche Zusammentreffen dort mit dem Altelsässer Georg Wolf, den er von Straßburg her und als gleichgesinnten Verehrer Friedrich Naumanns in der Vorkriegszeit kannte: es war kurz vor dem 9. November 1918, angesichts des drohenden Kriegsverlustes. In dieser Stunde sprach Wolf das Wort aus, daß nunmehr für ihn und seine Landsleute nichts anderes übrig bleibe, als Franzose zu werden. „Mit Schweigen wurde sein Wort von uns aufgenommen", schließt Meinecke den Bericht.[44]

Die Zeitschrift „*Simplizissimus*", sonst der politischen Satire sich widmend, brachte zum Jahresende eine ergreifende Zeichnung: ein kampfmüder, barhäuptiger Ritter, helmlos, mit zerbrochenem Speer, um die Stirn statt des Siegerkranzes einen blutbefleckten Verband tragend, reitet gesenkten Hauptes auf erschöpftem Gaul über ein schneebedecktes Blachfeld, hinter ihm in der Abenddämmerung die Stadt Straßburg mit dem Münster — die gedämpften Farben: grau Roß und Reiter, weiß der Schnee, rot die Stirnwurde, fahlblau der Abendhimmel, sie stimmten wehmütig und gaben der Empfindung des deutschen Volkes Ausdruck.

Der Schmerz brannte in den Herzen, wurde offenbar in *Ernst Bertrams* Gedichtband „*Straßburg*":

„Und ewig reißt dein roter Heimwehstrahl
uns überm Strom
den späten Himmel auf — und unser Herz."

### *Diese Stadt verzaubert und verwandelt*

Nach zwei Jahrzehnten wurde die Stadt und der Münsterturm erneut zum Sinnbild vaterländischer Gefühle: im Zweiten Weltkrieg am Ende des siegreichen Frankreichfeldzugs. Am Abend des 20. Juni 1940 erreichte uns Soldaten auf dem Vormarsch an der Loire die Rundfunkmeldung des Wehrmachtsberichts: „Auf dem Straßburger Münster weht die deutsche Reichskriegsflagge." Diese Nachricht wurde in Deutschland mit tiefer Bewegung aufgenommen. Viele Ortsnamen waren in den vorangegangenen Wochen im Wehrmachtsbericht genannt worden, aber keiner fand solchen Widerhall in den Gefühlen der Deutschen wie der Name der Stadt Straßburg, mit dem sich so viele geschichtliche Erfahrungen und kulturelle Traditionen verbanden.

Die „*Frankfurter Zeitung*" gab in einer für dieses Blatt ungewohnten schwärmerischen Sprache der allgemeinen Stimmung Ausdruck: „Kein Deutscher kann den Namen dieser Stadt hören, ohne daß er sich verwandelt und fast verzaubert fühlt. Noch wer nie die Stadt gesehen hat, dem bedeutet sie doch aus unvergeßlichen Bildern und Berichten, aus Erzählungen und Liedern ein kostbares Stück seines Volkes und damit seiner selbst ... Daß die Stadt nun zurückkehrt, entzündet darum in Deutschen mehr noch als die Freude des Sieges. Aus Jahrhunderten überkommene Empfindungen waren von uns selbst verschüttet worden um eines politischen Ausgleichsversuches willen; nun brechen sie wieder auf und strömen über die Nation hinweg."[45]

Solche Empfindungen waren tief begründet in Raum und Zeit, in der geographischen Lage und dem geschichtlichen Schicksal dieses Landes, dieser Stadt in Jahrhunderten.

### *Die geographischen Grundlagen der Geschichte Straßburgs*

Der Kulturhistoriker *Wilhelm Heinrich Riehl* hat das Elsaß als „Straßenland, Kriegsland, Zwischenland" gekennzeichnet.[46] Die Stadt „Straßburg" entstand an der Kreuzung einer Straße von Nord nach Süd und einer Straße von West nach Ost, im Schnittpunkt eines Verkehrsgeflechts inmitten der oberrheinischen Tiefebene mit dem Elsaß als Herzstück des alten Reiches, mit dem Vogesenkamm als Wasserscheide und Sprachgrenze.

### *Das Elsaß als Kernland des alten Deutschland*

Der Geograph Robert Gradmann sagt über die Vogesen: „Kein anderes unter den deutschen Gebirgen ist mit erhabener Geschichte so getränkt wie dieses. Burgen, Kirchen, Klöster und Klosterruinen künden auf Schritt und Tritt die große Vergangenheit und erzählen davon, wie schon die altfränkischen Königsgeschlechter ihre Gunst diesem Lande zugewandt, wie noch die Hohenstaufenkaiser es zu einem Bollwerk gegen die Begehrlichkeit des Westens ausgebaut und es zu ihrem Lieblingsaufenthalt erkoren haben."[47]

In gründlicher Stammes- und Siedlungsforschung hat *Georg Wolfram*, Bibliotheksdirektor in Straßburg, nachgewiesen, „daß das ganze Elsaß und etwa drei Viertel des heutigen Bezirks Lothringen ein deutsches Land gewesen sind, solange überhaupt von deutscher und französischer Staatsbildung gesprochen werden kann. Der Rhein ist keine natürliche Grenze, ebensowenig wie irgend ein anderer Fluß jemals eine dauernde Völkerscheide gebildet hat; er ist es umso weniger gewesen, als die Verästelungen seines früheren Laufes in zahlreiche einzelne Arme zwischen Vogesen und Schwarzwald kein irgendwie abschließendes Verkehrshindernis bilden konnten. Auf beiden Seiten des Stromes wohnten seit dem Ausgang der Völkerwanderung dieselben germanischen Stämme der Alemannen und Franken, die in den noch heute vorhandenen gleichartigen Ortsnamen und in den Bauformen von Haus und Dorf die zuverlässigsten Urkunden ihrer uralten Niederlassungen zurückgelassen haben."[48]

Am Ende des Mittelalters, im Weltreich Kaiser Karls V. geriet das Elsaß, einst Herzland des alten Reichs, an den Rand deutschen Volksgebiets, deutschen Sprachbodens: es bekam zu Beginn der Neuzeit zu spüren „das Nachlassen der politischen, der volklichkulturellen Energiekraft des deutschen Volksorganismus".[49]

Darum gelang es der französischen Eroberungspolitik, durch List und Gewalt das deutsche Grenzland zu überwältigen und sich einzuverleiben, zuletzt die Reichsstadt Straßburg im Jahr 1681. „Ein Aufstöhnen ging durch ganz Deutschland" — so berichtet der quellenkundige Kulturhistoriker *Peter Lahnstein* und nennt es „einen der seltenen Fälle, die das schlummernde Nationalbewußtsein beunruhigten."[50]

### *Deutsche Ohnmacht und Versagen*

Der abgeklärte Historiker *Leopold von Ranke* konnte noch anderthalb Jahrhunderte später, im Jahr 1833, bei einem Gesamtüberblick über die europäischen „Großen Mächte" schmerzlich ausrufen: „Welch ein Zustand des Deutschen Reiches, daß es sich Straßburg so gewaltsam, so wider die Natur der Dinge entreißen ließ!" Er führte dazu die Äußerung eines Fremden lange nach der Eroberung des Elsaß an: der Engländer Young gestand in einer Reisebeschreibung: „...daß ich aber, aus Frankreich kommend, über hohe Gebirge mußte und dann in eine Ebene hinabstieg, in der ein von den Franzosen in Sitte, Sprache und Abstammung ganz unterschiedenes Volk wohnt (die Ebene, welche damals erobert wurde), das machte mir Eindruck." Ranke fügte dem Zitat, aufwallend über Frankreichs Gewaltstreich, empört hinzu: „Und eine solche Beleidigung nahm Deutschland hin und schloß darüber einen Stillstand."

Gleiche Trauer offenbart *Robert Gradmann* im Buch über „Süddeutschland" bei der Betrachtung: „Daß ... das Oberrheinland zum Mittelpunkt und Hort politischer Macht bestimmt ist, das hat man wohl in früheren Zeiten klar erkannt; für Otto von Freising, den zeitgenössischen Geschichtsschreiber Kaiser Rotbarts, war es eine allgemein bekannte Tatsache, daß in der Landschaft von Basel bis Mainz die Macht des Reiches ruhe. Aber was hat das kleine Geschlecht späterer Zeiten daraus gemacht! In Fetzen hat man das Land zerrissen, weil jeder von diesem wertvollen Boden sein Stück für sich haben wollte. Fünf deutsche Einzelstaaten hatten ... daran Anteil, dazu noch die Schweiz.

Keine natürliche Landschaft Mitteleuropas ist politisch so zersplittert wie die Oberrheinebene. Und zu unauslöschlicher Schmach konnte das Sechzig-Millionen-Volk an diesem kostbarsten Stück deutscher Erde nicht einmal seinen Besitzstand wahren.

Es ist freilich eine alte Schuld des deutschen Volkes, die hier verhängnisvoll weiterwirkt ... Wie tief sind wir doch in Süddeutschland heruntergekommen und wie kläglich ist ein großes, von der Natur selbst dargebotenes Verkehrssystem zerschlagen und verpfuscht seit der Zeit, da nicht bloß sämtliche Alpenpässe und dazu als Glacis die Lombardei in deutschen Händen waren, da mit den Niederlanden, mit Burgund und den arelatischen Landen die ganze große Rhone-Rhein-Linie in deutscher Gewalt war!"[51]

### *Hauptreibungsfläche zwischen Frankreich und Deutschland*

Nach der Besetzung des Elsaß unter Ludwig XIV. hatte das Land sein Grenzlandschicksal wechselhaft und bis zur Neige auszukosten. *Martin Spahn*, Historiker an der Universität Straßburg, hat es kundig und einfühlsam beschrieben:

„Elsaß-Lothringen ist auf der Hauptreibungsfläche der beiden mächtigsten Nationen des festländischen Europa und zugleich im Schnittbereiche der beiden großen Kulturkreise des Abendlandes, der im Mittelmeergebiet entspringenden römisch-keltischen und der im mittleren Europa beheimateten christlich-germanischen Kultur. Deshalb wurde es immer wieder umstritten. Die Wogen beider Kulturkreise schäumten über Elsaß-Lothringen dahin. Sein Schicksal wurde aber auch durch jeden Ansturm mitbestimmt, durch den die Franzosen oder Deutschen ihr Staatsgebiet im Kampf widereinander ausgestalten und ihre Grenzen verstärken wollten. Stets wachsende Unruhe und Bewegung waren gleichsam der Tribut, den das Land für seine unvergleichliche Anmut, für den farbigen Schimmer der von der Vorsehung über seine Berge und Fluren ausgebreiteten Reize auf sich zu nehmen hatte."[52]

### *Der deutsche Anspruch von 1870 fand auch Widerspruch*

Aus dem Abstand eines Jahrhunderts urteilte *Golo Mann* im geschichtlichen Rückblick auf den deutsch-französischen Krieg von 1871 nüchtern und eigenständig:

„Der deutsch-französische Gegensatz zeigte sich als reichlicher genährt von populärer Leidenschaft als der österreichisch-preußische (1866), der bloße Kabinettspolitik gewesen war. Schon im Sommer (1870) begannen die Nationalliberalen die Annexion des Elsaß und Lothringens zu fordern, und dies Kriegsziel wurde schnell zum allgemein anerkannten, unbezweifelten. Man durfte nicht umsonst diese blutigen Opfer gebracht haben, mußte von jetzt ab strategisch sichere Grenzen haben gegen den ewig kriegslüsternen Nachbarn, mußte uralt-deutsches Land heimbringen ins neue Reich und gutmachen, was 1814 versäumt worden war. Ob die Elsässer denn auch heim ins Reich

*Abb.* 8: Bei den „Gedeckten Brücken". Blick auf das Münster, St. Thomas und Reste der alten Befestigung Zeichnung von Roland Anheisser (1914)

*Abb. 9:* Am Nikolausstaden — Zeichnung von Roland Anheisser (1903)

*Abb. 10:* Die Pflanzbadgasse Zeichnung von Roland Anheisser (1903)

*Abb. 11:* Haus Kammerzell (Stiftskeller) Photo um 1897

*Abb. 12:* Gesamtansicht des alten Straßburg — Photo um 1897

*Abb. 13:* Der Kleberplatz Photo um 1897

*Abb. 14:* Der Neukirchplatz Photo um 1897

*Abb. 15:* Der Gutenbergplatz Photo um 1897

*Abb. 16:* Am Schiffleutstaden Photo um 1897

*Abb. 17:* In der Kronenburger Straße Photo um 1897

*Abb. 18:* Bei den Mühlen Photo um 1897

*Abb. 19:* Der Rabenplatz — Photo um 1897

*Abb. 20:* Die Lange Straße — Photo um 1897

*Abb. 21:* Der Stephansplan — Photo um 1897

*Abb. 22:* Der Hohe Steg — Photo um 1897

*Abb. 23:* Alt St. Peter Ansichtskarte um 1920

*Abb. 24:* Jung St. Peter Ansichtskarte um 1910

*Abb. 25:* St. Thomas — Ansichtskarte um 1920

*Abb. 26:* St. Thomas — Photo um 1910

*Abb. 27:* Am Ferkelmarkt — Ansichtskarte um 1930

*Abb. 28:* Frauenhaus (Münsterbauhütte) — Ansichtskarte um 1920

*Abb. 29:* Alter Fischmarkt Photo von 1875

*Abb. 30:* Am Fischerstaden Ansichtskarte um 1910

*Abb. 31:* Blick durch den Goldgießen Zeichnung von Roland Anheisser (1903)

*Abb. 32:* Blick von der Königsbrücke auf das Münster und St. Stephan, im Vordergrund ein reichsstädtischer Speicher des 15. Jahrhunderts Zeichnung von R. Anheisser (1914)

wollten, war dabei gleichgültig. Dieser Verbindung von historisch-sentimentalen, von militärischen, von unvernünftig-stolzen, rachedurstigen Argumenten leistete der Staatsmann keinen Widerstand. Er hat später wohl durchblicken lassen, er sei im Grund nicht so sehr für die Sache gewesen; aber er unternahm nichts dagegen, unternahm vielmehr durch die Art, in der er nach dem 2. September den Krieg weiterführte, alles Nötige dafür.

Gegen die geplanten Annexionen erhoben sich die Volksparteiler, oder wie sie neuerdings hießen, die Sozialdemokraten im Norddeutschen Reichstag, Liebknecht und Bebel. Dies allein, und wenn es die einzige Leistung ihres Lebens gewesen wäre, würde ihnen unsterbliche Ehre machen. Auch Marx in London sagte die vergiftenden Folgen voraus, welche diese Amputation des französischen Körpers haben würde; wie Bebel, so verlangte jetzt Marx' ‚Internationale Arbeiter-Assoziation' den sofortigen Friedensschluß. Den deutschen Verteidigungskrieg gegen bonapartistische Unverschämtheit hatten auch Marx und Engels gebilligt; ja Engels hatte sich herzlich gefreut über die deutschen Siege im August, über die Schnelligkeit von Moltkes Armee. Im Herbst wollten sie ein Ende sehen."[53]

### *Keine ausschweifenden Träume historischer Romantiker*

Was *Golo Mann* hier offenlegt und zum eigenen Standpunkt macht, verändert das überkommene Geschichtsbild. Er mutet uns zu, bisherige Anschauungen aufzugeben. Es fällt schwer, ihm dabei zu folgen. Seine Ansicht wird dem überwiegenden Denken und Fühlen der deutschen Nation unter den einstigen geschichtlichen Umständen nicht gerecht.

*Heinrich von Treitschke* hatte damals in einem Aufsatz „Friedenshoffnungen" am 25. September 1870 in den „Preußischen Jahrbüchern" die öffentliche Meinung dahin ausgelegt: „Kein Zweifel mehr, die ungeheure Mehrheit der Nation fordert die geraubten deutschen Provinzen zurück". Für die Grenzlinie, die wir zu fordern haben, wies er aber Maßlosigkeit mit den Worten zurück: „Die ausschweifenden Träume historischer Romantiker finden geringen Anklang bei der gesunden Nüchternheit der Deutschen. Die Mehrheit begreift, daß der Besitz welscher Provinzen unseren nationalen Staat schwächen muß, sie verlangt daher als ein notwendiges Übel nur so viel welsches Land, als zur militärischen Deckung des Elsaß und des deutschen Lothringens unentbehrlich ist."[54]

Die frühen Sozialdemokraten, die 1870 noch kleinen Gruppen der Arbeiterbewegung, sprachen allerdings ein „Nein" zur Zurücknahme von Elsaß und Deutschlothringen. *August Bebel*, als Vertreter der „Sozialdemokratischen Arbeiterpartei" im Norddeutschen Reichstag verlangte dort in der Sitzung vom 26. November 1870 statt einer Annexion eine Volksabstimmung in Elsaß und Lothringen und begründete seine Forderung weitsichtig: „Wenn wir heute das Selbstbestimmungsrecht mit Füßen treten, wenn wir heute, was uns beliebt, ohne Ausnahme nehmen können, dann vergeben wir damit das eigene Selbstbestimmungsrecht, dann müssen wir es uns ebenso gut gefallen lassen, wenn andere, wo die Gelegenheit sich bietet, auch Stücke unseres Landes nehmen!" An dieser Stelle vermerkte das Sitzungsprotokoll in Klammern: „Große Heiterkeit".[55]

Ernstes Abwägen spricht aus den „Erinnerungen" des Politikers *Ludwig Bamberger* aus seinem letzten Lebensjahre (1894—1898): „Meine eigene Überzeugung ist, daß der Haß gegen das siegreiche Deutschland und die Begierde nach Revanche ganz ebenso groß gewesen und geblieben wären, selbst wenn man keinen Zollbreit Land abgerissen hätte. Aus menschlicher Rücksicht für die Bewohner wäre es wünschenswert gewesen, sie bei Frankreich zu lassen; aus Rücksicht auf die eigene Sicherheit war Deutschland zur Einverleibung berechtigt, denn ohne die Gefahr des Angriffs zu vermehren, vermehrte es die Mittel der Abwehr. Deutschland hätte, wenn Metz und Straßburg bei Frankreich geblieben wären, gerade soviel Grund gehabt, täglich auf einen Revanchekrieg gefaßt bleiben zu müssen, wie dies jetzt der Fall ist, und es hätte nur das Plus von Widerstandsmitteln entbehrt, welche diese festen Plätze ihm gewähren."[56]

# *Straßburgs Belagerung 1870*

Ein Dokument der Belagerung Straßburgs im Siebziger Krieg, über Stimmung und Meinung der elsässischen Bevölkerung und der deutschen Truppen ist das Tagebuch *Berthold Auerbachs*. Dieser schwäbische Schriftsteller (1812—1882), bekannt durch seine „Schwarzwälder Dorfgeschichten", ein Vorkämpfer der Judenemanzipation und glühender deutscher Patriot, war der Belagerungsarmee des Generals von Werder als Kriegsberichterstatter zugeteilt und für diese Aufgabe besonders berufen: er hatte sich im vorausgehenden Jahrzehnt zu Vorstudien für einen Roman wochenlang im Elsaß aufgehalten und Land und Leute gründlich kennengelernt. So konnte er einfühlsam und wirklichkeitsnah die Zustände und Gedanken der vom Krieg betroffenen Bevölkerung rings um Straßburg und innerhalb seiner Mauern schildern, auch die Erwägungen der Belagerungstruppen und ihre Stimmung.

Es lohnt sich, bezeichnende Tagebuch- und Briefauszüge hier wiederzugeben.[57]

*Auerbach* beteuert: „Es wäre für uns Deutsche ein erhebender Moment geworden, wenn es uns vergönnt gewesen wäre, in die unversehrte Stadt einzuziehen, die uns am hellen Tage von Frankreich geraubt wurde. Das wäre eine wirkliche Restitution gewesen gegenüber dem Mißbrauche, den man damals mit diesem Worte trieb. Jetzt müssen wir leider über Trümmer und Verwüstung in die Stadt einziehen, und vielleicht über noch größere Trümmer, als heute Nacht entstanden. Wir hoffen, daß die heilende Zeit und die Bruderliebe, die wir den Elsässern entgegenbringen, das Elend nach Möglichkeit tilgen wird."

„Am 26. August, Morgens: Das Münster brennt, gestanden wir uns endlich allesamt, als wir gegen zwei Uhr, im Innersten wie zerschlagen, uns von den grausigen Flammen abwendeten und heimkehrten.

Es war ein stiller, lautloser Gang. Jeder hatte das Gefühl, als ob ihm persönlich ein treuer, ehrwürdiger Freund gestorben wäre, als ob ein Stück seiner Seelenheimat versunken wäre."

*Auerbach* richtet den inneren Blick auf den Krieg, seine Ursachen und Folgen, tiefschürfend und seelenforschend: „Das Elsaß muß wieder deutsch, geraubtes Gut heimgebracht und die Grenze so geordnet werden, daß wir nicht ewig vor der Kriegsbefürchtung stehen ... Aber die Elsässer müssen wir gerecht verstehen lernen ...

Es ist nicht die Schuld der Elsässer, es ist unsere Schuld, daß sie seit bald zweihundert Jahren uns entfremdet sind. Sie haben ein Recht, nicht nur gerecht, sondern auch mild und mit besonderer Einsichtnahme in ihre Eigentümlichkeiten behandelt zu werden ...

Die Elsässer sagten sich: das Französische mag das Bessere sein, weil es das Mächtigere ist, und noch dazu das Vornehmere war es ja immer bis auf den heutigen Tag.

Der Elsässer, der das Deutsch nur in seinem Dialekte spricht, erscheint vor sich selbst vornehmer, wenn er sich französisch ausdrückt ...

Ich habe die Elsässer früher, bei längerem Aufenthalt in Straßburg und Zabern, und jetzt wieder in diesen Tagen inmitten der Aufregung, wo sich alle Gemüter erschließen, kennen gelernt. Es ist — und das ist hoch anzurechnen — ein tiefer deutscher Zug noch in frischer Kraft in ihnen. Politisch sind sie zu Frankreich hingewendet, nicht nur durch die vormalige Ruhmesgröße, sondern wesentlich durch das Bewußtsein der Gleichheit, der Offenhaltung zu allen Ehrenstellen für Jeden ... Das muß vor allem im Auge behalten werden bei der Wiedervereinigung mit Deutschland."

### *Die verheerenden Folgen der Beschießung von 1870*

Ein anderer Zeuge der Belagerung Straßburgs war der preußische Divisionspfarrer *Emil Frommel.* Auch er hat seine Erlebnisse niedergeschrieben, dabei zurückgreifend auf Jugendjahre in der „wunderschönen Stadt", nun vor den Toren der Festung, darin er seine Verwandten wußte: „Alte und neue, freudvolle und leidvolle, fremde und eigene Erinnerungen eines Feldpredigers".[58]

Herzbewegend seine Stimme, aber auch die seines Vetters *Max Reichard,* des Pfarrers der „Neuen Kirche" inmitten der Stadt — Frommel gab die erschütternden Tagebuchaufzeichnungen Reichards aus den Tagen und Nächten der Belagerung vom 4. August bis zum 27. September 1870 wörtlich wieder.

Reichard hatte bei Kriegsausbruch geäußert: „Welch ein Schmerz durch unsere Seele geht, daß wir Deutschland lieb haben, mit dem wir ja durch tausend Bande des Blutes verschwistert sind, das kann keiner ermessen." So müßten, sagte er, Elsässer empfinden, die von Frankreich und von Deutschland Gutes empfangen hätten, politisch in Frankreich beheimatet wären, „aber in Deutschland stets noch unsere geistige Heimat erblicken, die Wiege unserer Kirche, den Vorort unserer Kunst und Wissenschaft."

Nun durchlitt er mit den Seinen die folgenschwere Beschießung, auch die Vernichtung der unersetzlichen Straßburger Bibliothek im Chor der „Neuen Kirche". Er gab den Ausruf des Professors *Johann*

*Wilhelm Baum* an der Brandstätte wieder: „O, daß deutsche Kugeln uns das tun mußten, o des Wehes und des Jammers für unsere Herzen!"

Bezeichnend auch die Worte des deutsch-gesinnten Theologen *Emil Alfred Weber*, der die Tage und Nächte des Bombardements miterlebte: „Diese Geschosse zerreißen die letzten Fasern, die unser Herz mit Deutschland verbinden!"

In einer späteren Denkschrift an das deutsche Militärgouvernement in Straßburg — nach der Übergabe der Stadt — sprach *Emil Frommel* seine Meinung aus: „Die Beschießung Straßburgs mag strategisch notwendig gewesen sein; wollte man aber Straßburg behalten, so war sie ein politischer Fehler."[59]

### *Anders gewonnen als verloren*

Unter dem unmittelbaren Eindruck von Straßburgs Kapitulation am 27. September 1870 und dem Einzug der deutschen Truppen deutete der Feldprediger Frommel im Militärgottesdienst in der St. Thomaskirche den lauschenden Soldaten neben dem Dank an Gott den vaterländischen Sinn des opfervollen Kampfes und gedachte dabei der Leidensgeschichte der Stadt Straßburg:[60]

„Die Namen der anderen Städte treffen die Saiten eines deutschen Herzens nicht in der Stärke und Tiefe wie Straßburgs Name. Wenn unser Volk Straßburgs gedachte, da flammte das Auge, da brannte ihm die Wange. Hineingewoben in seine schönsten Lieder, in den Traum der einstigen und wieder kommenden Herrlichkeit seines Reiches, war diese Stadt des deutschen Volkes Schmerz und Sehnsucht. An dem heutigen Tage vor bald zweihundert Jahren ihm entrissen und geraubt durch Schwäche, wenn nicht durch List und Verrat, inmitten des tiefsten Friedens; geraubt, als Deutschland am Boden lag, eine blutende Mutter, die ihr Kind nicht zu schützen vermochte, so hat sein Münster zu uns herübergeragt, ein aufgehobener Warnfinger, ein Denkstein unserer Schmach. Aber wer es recht verstand, der sah und hörte noch mehr...

Der hörte den Ruf zu deutscher Einigkeit, um durch Einigkeit wieder zu gewinnen, was durch Zwietracht verloren gegangen; und anders, als wir sie verloren, haben wir diese Stadt wiedergewonnen. Nach hartem Kampf und tapferer Gegenwehr (dies Zeugnis wollen wir unsern Gegnern nicht vorenthalten), ist sie unser geworden. Mit Blut haben wir, wie um eine entrissene Braut, kämpfen müssen. Wohl fiel uns damit die schönste, aber vielleicht die schmerzlichste Aufgabe in diesem Kriege zu. Aber wir rangen als ein vereinigt Volk von Brüdern. Wir sagen deshalb: ‚Bis hierher hat uns der Herr geholfen', und wissen, was in diesem ‚Uns' liegt. Ist's Zufall oder Fügung, daß gerade vor dieser Stadt die Krieger aus dem höchsten Norden und tiefsten Süden, aus Königsberg und Konstanz lagen? Daß angesichts dieser ehemals deutschen Stadt, vor ihren Augen eine Verbrüderung stattfand, wie sie seit Jahrhunderten kein deutsches Auge mehr sah? Ja, es war ein Zeugnis, daß der alte Hader vorbei, daß es Frühling geworden im deutschen Vaterlande... eine Gefahr, ein Kampf hat uns vereint. Daß wir als ein einig Volk haben ringen dürfen um diese Stadt, daß sie unser geworden durch vereinte Kraft, darum sprechen wir unter Lob und Dank ‚Bis hierher hat uns der Herr geholfen'."

In der Studie „Die Belagerung Straßburgs im Jahr 1870 — Ein Beitrag zur Problematik des Geschehens" ist *Otto Stoeckicht*, gestützt auf zahlreiche Augenzeugen und Urteile befugter Zeitgenossen, den Verantwortungsträgern auf beiden Seiten, ihrem Verhalten und Denken nachgegangen. Er kommt zu dem Ergebnis: „Die Belagerung Straßburgs ist einer der irreparablen Fehler gewesen, die die preußische Regierung begangen hat. Vom militärischen Standpunkt aus war sie absolut nutzlos, vom politischen hat sie zwischen Deutschland und dem Elsaß einen Abgrund aufgerissen;... vom rein menschlichen Standpunkt aus hat sie das peinlichste Licht auf diese Macht geworfen, die so laut mit ihrer Kultur prahlt."

Mit diesen Sätzen gibt *Stoeckicht* das Urteil des damaligen Straßburger Jounalisten und Gemeindeausschußmitglieds *August Schneegans* aus dessen Buch „Die Beschießung Straßburgs" wörtlich wieder. In der nachfolgenden Reichslandzeit verfocht Schneegans den Gedanken der Autonomie des Elsaß mit dem Wahlspruch: „Franzose *kann* ich nicht, Preuße *will* ich nicht sein, Elsässer bin ich."

Im Bericht über Straßburgs Belagerung im Spiegel der Zeitgenossen ist es Stoeckicht bewußt geworden, „in welchem Maß das Schicksal des Landes nun seit Jahrhunderten abhängig ist von dem Schicksal und dem wechselseitigen Verhältnis der beiden Völker, mit denen es jeweils verbunden war." Abschließend weist Stoeckicht auf unsere entscheidende Zukunftsaufgabe hin: die sich ausweitende Europäische Wirtschafts-Gemeinschaft (EWG) zu einer *wirklichen* politischen Einheit zu machen. „Möge im Zeichen dieser gemeinsamen Aufgabe auch für das Elsaß der Augenblick nahe sein, in dem das Schicksal des nunmehr seit Jahrzehnten unserem französischen Partner überantworteten und anvertrauten Landes nicht mehr im Schatten einer längst abgelaufenen Vergangenheit steht!"[61]

## *Seelenzustand der Grenzlandbewohner*

An der Spitze stehe das verständnisbereite unabhängige Urteil von *Theodor Fontane* in einem Brief an seinen Sohn Theo vom 20. Juni 1882. „Die Elsässer gehörten 200 Jahre lang zu Frankreich, und wenn sie nun schließlich sagen, ‚Erwin von Steinbach hin, Erwin von Steinbach her, die Franzosen, mit denen wir jetzt durch sechs Generationen gegangen sind, gefallen uns besser als die Deutschen', so ist schließlich nicht viel dagegen zu sagen. Jeder von uns sieht sich im Leben vor solche Fragen gestellt, die er nach seinem individuellen Bedürfnis und nicht nach dem Urteil der umherstehenden Menge beantwortet und entscheidet. Die Menge hat immer eine langweilige ‚Prinzipschablone', das Individuum fühlt und handelt aus dem unmittelbar Gegebenen heraus. Die einfache Tatsache, daß die Elsässer lieber französisch als deutsch sein wollen, darf uns nicht zornig machen. Nur betrüblich ist es."[62]

### *Schwierigkeiten mit der Erwerbung und politisches Versagen*

Schwer ist es, sich in die Seele der Grenzlandbewohner beim Wechsel der Staatsmacht zu versetzen. Wie aufschlußreich ist da die Äußerung des Altelsässers *Rudolf Schwander*, des letzten Bürgermeisters der Stadt Straßburg in deutscher Zeit, in seinem Rückblick auf die Zeit zwischen 1870 und 1918:

„Es ist für einen Staat immer eine schwierige Aufgabe, neu erworbene Gebiete dem Staatsleben richtig einzuverleiben. Die Aufgabe wird desto schwieriger, je mehr wir uns der neueren Welt nähern. Und innerhalb ihrer wird sie am schwierigsten bei den Volksstämmen Europas, denn diese zeigen am stärksten unter allen Weltvölkern den Zug zur völkischen Individualisierung. Der Fall Elsaß-Lothringen ist dafür ein lebendiges Beispiel, obgleich 1871 das in seiner Mehrheit stammlich deutsche Volk zu deutschem Volk zurückkam. Es wurde, während der ganzen viereinhalb Jahrzehnte, da Elsaß-Lothringen zu Deutschland gehörte, in aller Welt wie eine Frage empfunden, auf die nie völlige Antwort kam. Es stellt, gerade weil es deutsch ist in Sprache und Sitte, ein Paradigma der Annexionsschwierigkeiten dar.

Zuerst freilich reagierte man nicht eben deutschfreundlich — das ist bekannt. Auch hat sich von dieser Stimmung bis zuletzt einiges erhalten, das sich aber mit der Zeit verdünnte und auf engere Kreise zurückzog. An einer zielbewußten Kulturpropaganda fehlte es indessen. Das damalige Deutschland verbrauchte vielleicht seine geistigen Kräfte allzusehr im wirtschaftlichen und politischen Getriebe. Am neuen Kulturerwerb war es glattweg schwach.

In Frankreich hingegen stieg zu gleicher Zeit das geistige und künstlerische Leben in immer neuen Erscheinungen empor, nachdem es schon lange vor dem siebziger Krieg glänzende Epochen gezeitigt hatte. Von ihrem Abglanz war viel auf die Elsaß-Lothringer übergegangen, Menschenalter hindurch, und ging weiteres auf sie über, auch nach dem Kriege. Sie empfanden diesen Erwerb als natürliches Gut, durch dessen Besitz sie sich gegen die übrigen Deutschen abhoben. Es aufzugeben lag kein Grund vor."[63]

Solch abgewogenes Urteil, Ende der zwanziger Jahre ausgesprochen, stammt wohlgemerkt von einem geborenen Elsässer, der sich für ein deutsches Elsaß entschieden hatte und 1918 schweren Herzens die Heimat verließ.

*Wilhelm Kapp*, dank genauer Kenntnis von Land und Leuten und elsaß-lothringischer Geschichte, führt noch andere Gründe für die Anpassungsschwierigkeiten ins Feld, bestätigt aber gleichzeitig Schwanders Aussage. Er zeigt: Das Elsaß sei für Frankreich seit Ludwig XIV. zur Bastion und zum Ausfalltor gegen Deutschland geworden und habe in der politischen, diplomatischen Tradition den Charakter des Vorfelds erhalten. Das habe Bismarck 1871 nüchtern ausgesprochen: „Wir haben die Länder Elsaß und Lothringen genommen, damit wir ein Glacis haben, auf dem wir uns wehren können, bevor die Franzosen an den Rhein kommen."

So sei dieses Territorium aus den Triebkräften des Eigentümers — erst Frankreichs, dann Deutschlands — zur *Kolonie* geworden, von einströmenden Kräften überfremdet. Hatten nicht in der Reichslandzeit eingewanderte Altdeutsche wie Friedrich Meinecke, Harry Bresslau, Theobald Ziegler solchem „Kolonialbewußtsein" Ausdruck gegeben?

Es war nur zu verständlich, daß die Einheimischen gegen die tatkräftigen Zugewanderten sich innerlich zur Wehr setzten, ihre Selbständigkeit im eigenen Lebensraum bedroht, ihr Selbstgefühl herausgefordert fühlten. Durch ihre Randlage waren sie, während der zweihundertjährigen Franzosenzeit, der deutschen Volksgemeinschaft entfremdet worden, zumal dieser Organismus — ermattet, erlahmt — die Außenglieder darben ließ. Nun aber, nach 1871, entwickelte die elsässische Oberschicht ein überspanntes Eigenbewußtsein im Besitz der „civilisation française" als eines höherwertigen Gutes. Sie spaltete sich damit von Kleinbürgertum und Arbeiterschicht und dem bäuerlichen Grundbestand des elsässischen Volkes ab.[64]

„Von der breiten Masse des Volkes in Arbeiter-, Bauern-, und Bürgerstand in Stadt und Land kann man wohl sagen, das ist Art von deutscher Art, das ist Zweig von deutschem Stamme. Sprache, Haltung, Grundcharakter weisen die bekannten charakteristischen deutschen Grundmerkmale auf; manches mutet vielleicht noch deutsch-altertümlicher hier an als im übrigen Deutschland. Aber so sehr diese deutschen Linien, die, wie Jakob Grimm schon bemerkte, ‚bis in die Mienen, Redensarten, Hausgerät und Einrichtungen gehen', sich überall feststellen lassen, der Durchschnitt der Elsässer und Lothringer *weiß* es nicht, gesteht es sich nicht, fühlt es nicht, das Bewußte ist nur das *Heimatliche*, das *landschaftlich Beschränkte, Provinzielle*: man ist elsässisch, man ist lothringisch, sonst nichts."[65]

Ins neugegründete deutsche Kaiserreich hineinzuwachsen war auch dadurch erschwert, daß das „Reichsland Elsaß-Lothringen" jahrzehntelang verfassungsrechtlich den Bundesstaaten nachstand, ja deren eigensüchtigen Partikularismus zu spüren bekam, deren Annexionsgelüsten ausgesetzt war. Es begegnete bis in den Krieg hinein Mißtrauen: elsässische Rekruten wurden zu preußischen Regimentern in auswärtigen Garnisonen eingezogen, im Krieg nicht an der Westfront, sondern in Rußland eingesetzt. In den süddeutschen Bundesstaaten herrschte „in der Enge stecken gebliebener Raumsinn" und wachte kleinherzig und eifersüchtig über die eigene Souveränität. Solches Klima war dem Wachstum eines Reichsbewußtseins im Reichsland nicht günstig. Das Volk der Elsässer und Lothringer empfand die von Berlin aus gesteuerte Regierung und deren landfremde Beamten als obrigkeitsstaatlich, als aufgenötigt. Es besaß keinen bodenständigen Landesherrn, während die Bundesstaaten von angestammten Fürstenhäusern regiert und vom treu verehrten „Landesvater" verkörpert wurden. Der jähe Wechsel der Staatsangehörigkeit in verhältnismäßig kurzen Zeitspannen erzwang Umstellungen, verursachte Verrenkungen, erschütterte den Volkskörper. „Hit franzeesch un morje ditsch, do geht unser Ländel fütsch", so lautete der betrübte Ausspruch der elsässischen Dichterin Marie Hart.[66]

## *Die Elsässer — mit sich selbst uneins*

Das Ergebnis war ein Zwittertum: „Es geht eben ein klaffender Riß durch das ganze Volk, durch die Häuser, durch die Familien. Die horizontale Aufspaltung wird auch zu einer vertikalen Spaltung des Elsässertums. Wir stehen also hier vor der Tatsache, wie ein Volkstum aus ursprünglich einheitlichem Stoff und Gefüge durch die Zwangslage, in die es die Geschichte hineinstellte, mit sich selbst *uneins* wird, mit sich selbst in Zwiespalt gerät, sich selbst nicht mehr recht versteht, über sein eigenes Ich die unbefangene Selbstsicherheit und Selbstgewißheit verliert. Gibt es etwas Tragischeres für ein Individuum, ein Einzelwesen oder Kollektivum, dem durch den Druck äußerer Mächte, durch seine ganze Schicksalsführung das natürliche Ichbewußtsein erschüttert, ja geradezu geknickt und gebrochen wird?"[67]

Solchen Seelenzustand konnten und können Fernstehende schwerlich begreifen. So schrieb der Schweizer René F. Allemann im Jahr 1962: „Wie ein erratischer Block liegt dieses assimilierte Land da, der europäischen Landschaft fremd, unbegreiflich, nicht dazugehörig."[68]

Solch mangelndes Verständnis trieb und treibt die Elsässer in schmerzliche Isolation. Das Geschick der Vereinsamung könne aber, so hoffte *Wilhelm Kapp*, schließlich doch dazu dienen, „daß das Volk nur um so energischer, nur um so innerlicher in sich hineinlauscht, aus den Tiefen seines Volkstums, seiner Volkheit, in dem so mannigfache, zum Teil widerstreitende Elemente sich mischen, sein Bestes, sein Eigenstes herauszuholen, sich um so willenskräftiger zusammenzufassen, und sich also von innen heraus doch zu etwas Einheitlichem, Charaktervollem mehr und mehr aufzubauen. Dieser Hoffnung dürfen wir beim Überschauen der eigenartigen inneren Geschichte des Elsässertums wohl Raum geben."[69]

### *Staat oder Volk — die besondere Lage in Elsaß-Lothringen*

Als ein wahrhaft Berufener hat sich *Georg Dehio* dank langjähriger Erfahrung über die Elsässer als Grenzvolk ausgesprochen (in Aufsätzen 1915 und 1921, sowie einem Vortrag 1918[70]):

„Ich bin .. Balte von Geburt. Ich lebe aber auch schon lange — 26 Jahre — im Elsaß und darf sagen, daß mir Wohl und Wehe des Elsaß nicht weniger am Herzen liegen. Ich habe es mir oft überlegt, daß meine alte Heimat und meine neue, Livland und Elsaß, eigentlich Schicksalsverwandte sind. Die Grundposition ihrer Geschichte hat viel Ähnliches, die weitere Entwicklung ist freilich um so verschiedener.

... Das *Volksbewußtsein* des Elsässers ist der Verkümmerung verfallen, und sein *Staatsbewußtsein* war bis 1871 mit den beiden anderen Faktoren (dem Heimatbewußtsein und dem Volksbewußtsein) in Widerspruch und ist für viele auch nach 1871 nicht in Einklang gekommen. ... Für den Elsässer war sein Deutschtum nur ein Akzidenz seines Elsässertums, daß er auch im französischen Staat ein Teil des deutschen Volkes geblieben sei, dies war seinem Bewußtsein entschwunden. In der ersten Epoche der französischen Herrschaft, vor der Revolution, als das Verhältnis zum französischen Staat noch ein lockeres war, da blieb auch das elsässische Deutschtum intakt. Der junge Goethe fühlte sich in Straßburg in keiner Weise im Auslande, Straßburg war in diesen Jahren einer der Brennpunkte des sich erhebenden deutschen Geistes, und zu dem Kreise um Goethe gehörte auch der Livländer Reinhold Lenz, und Herder war eben aus Riga gekommen, wo er Domprediger gewesen war. Eine Änderung im Volksbewußtsein trat erst ein auf dem Wege über den Staat. Die Elsässer entdeckten den Staat erst unter Napoleon — fast wie ein neues Ding. Was das vergleichsweise locker gefügte Frankreich der Bourbonen gegenüber dem halb autonomen Elsaß in mehr als hundert Jahren nicht erreicht hatte, das erreichte der straff zusammengezogene Einheitsstaat Napoleons in weniger als zwanzig: er machte aus dem Elsaß zwei französische Departements und aus den Elsässern Franzosen. Als Ernst Moritz Arndt 1814 das Elsaß besuchte, wurde ihm dort gesagt: Wir würden ganz gern wieder zu Deutschland zurückkommen, aber nur in Verbindung mit einem Großstaat; wenn dies nicht, dann bleiben wir lieber bei Frankreich. Zu Schwärmern für den partikularistischen Kleinstaat wurden sie erst wieder nach 1871...—"

„... Am Ende des 18. Jahrhunderts war das Staatsgefühl der Elsässer zu einem Nichts verkümmert ... Sie erlebten es zum erstenmal durch die Revolution und das Kaiserreich. Staat und französischer Staat wurde ihnen schlechthin zur Gleichung. Es verstand sich für sie von nun ab von selbst, daß sie *Franzosen* werden sollten, auch in ihrer Sprache und ihrer Kultur, und es war mehr ihre angeborene Schwerfälligkeit als ein grundsätzlicher Widerstand, wenn dieser Prozeß nicht schneller durchgeführt wurde, als es wirklich geschehen ist. Der Konflikt zwischen Staat und Volkstum, obgleich objektiv gegeben, spielte in ihrem subjektiven Bewußtsein kaum eine Rolle. Auch vor ihren Volksgenossen jenseits des Rheins brauchten sie sicht nicht zu schämen. War es doch die Zeit, in der alle Liberalen, West- und Süddeutschland für französische ‚Freiheit' schwärmten. Dazu kam die große Verschiebung der sozialen Schichten seit der Revolution. Die bisherige Oberschicht war weggeschwemmt, die neu entstandene, traditionslose Bourgeoisie übernahm die Führung..."

„Die Elsässer sind ein *‚Grenzvolk'*, kein Mischvolk. Es wird wenige Grenzvölker geben, die so wenig fremdes Blut aufgenommen haben. Ebenso steht es mit der Sprachenfrage. Die französische Einwanderung in der Zeit der französischen Herrschaft ging nur nach den Städten und war ganz gering im Vergleich mit dem ständigen und reichlichen Zufluß aus der Pfalz und vom rechten Rheinufer ... Wenn man unter den echten Elsässern lebte, konnte man nicht im geringsten im Zweifel sein, daß sie in ihrem Blut, ihrer Sprache, im Unbewußten und Naturhaften ihres Seelenlebens rein deutsch waren ...

Bis zur französischen Revolution sah es im Elsaß genau so aus wie im übrigen Süddeutschland, mit dem einzigen Unterschied, daß der oberste Lehensherr der Kleinfürstentümer, Abteien und Reichsstädte jetzt in Paris und nicht mehr in Wien saß, Handel und Wandel behielten ihre Richtung nach Deutschland; die während der Revolution verfügte Verlegung der Zollgrenze von den Vogesen an den Rhein erregte schwere Besorgnis; der Adel nahm häufiger in Deutschland Kriegsdienste als in Frankreich; die Universität war deutsch, mehrere ihrer Zierden waren von überrheinischer Herkunft, wie umgekehrt ein Elsässer, Spener, der Begründer des für das deutsche Geistesleben so wichtigen Pietismus wurde ... Frankreich seinerseits betrachtete das Elsaß nur als militärisches Ausfallstor und als Steuerprovinz ...

Diese anderthalb Jahrhunderte von 1648 bis 1798, in denen die Elsässer nicht Franzosen und nicht Deutsche, sondern nur Elsässer waren, begründeten den engen, zähen, muffigen Partikularismus, der seitdem ihre Grundstimmung geblieben ist. Nicht ihre Nationalität, wohl aber ihr Nationalbewußtsein war ihnen verlorengegangen und damit auch das Gefühl für die Abnormität ihres politischen Zustandes. Die französische Revolution in ihrem abstrakten Gleichheitsfanatismus hat es zwar unternommen, die Elsässer in Franzosen zu transsubstantiieren. Es gelang ihnen nur mit dem kleinen Bruchteil, der sich nun die Bourgeoisie nannte. Die große Masse wollte bleiben, wie sie war, und hat denn auch ihre Eigenart, vor allem ihre Sprache, zäh und störrisch verteidigt, noch unter Napoleon III. Ein leichter Firnis von französischer Zivilisation kam nicht in Betracht gegenüber der unverändert bleibenden Grundsubstanz. Das einzige von Wichtigkeit, was sie aus der französischen Denkweise übernahm, war die Ehrfurcht vor dem Besitz. In demokratischer Verkleidung blieb das elsässische Volk konservativ ...

So fanden wir die Elsässer 1870 vor, als ein vom großen Strome getrenntes, stagnierendes Altwasser, in ihrer Lebensstimmung beinahe noch Menschen des 17. und 18. Jahrhunderts. Wir haben damals vieles, was uns fremdartig anmutete, irrtümlich für französisch gehalten, was in Wahrheit nichts anderes war als ein altmodisches, verstaubtes, unbewegliches Deutschtum. Der Widerstand, den wir vorfanden, ging lediglich — immer die Bourgeoisie ausgenommen — vom alten deutschen Partikulargeist aus. Was die Elsässer gegen die neue Ordnung zu verteidigen trachteten, war dasselbe, was sie sich von den Franzosen nicht hatten nehmen lassen, das ungestörte Weiterleben in ihrer gewohnten Art. Ihr tiefster Wunsch war nicht: zurück zu Frankreich, sondern: ‚Schwobe rüs' ...

Trotzdem darf man ohne Selbsttäuschung sagen: daß die Annäherung auf gutem Wege war; die Volksschullehrer z. B. waren einhellig auf deutscher Seite, die Anziehungskraft des großen deutschen Wirtschaftskörpers und die Logik der geographischen Lage übten eine unwiderstehliche Wirkung. Beim bevorstehenden Einmarsch der Franzosen erinnerte sie ein flüchtig gegangener Landesverräter daran, sie möchten nicht vergessen, daß das Elsaß in den letzten Jahrzehnten an eine *sehr gute* Verwaltung gewöhnt gewesen sei. Die Franzosen täuschten sich darüber nicht. Es war mit ein Grund, weshalb sie es mit dem Kriege so eilig hatten. Wie eng schon die Verbindung mit Deutschland geworden war, zeigt die Gefühlsreaktion auf das Friedensangebot des Prinzen Max: Die erste Regung war die einer bitteren Kränkung, wie leicht Deutschland sein Elsaß aufgab.

Es soll nicht vergessen werden, daß im Dezember 1918 beim Einmarsch der Befreier mehrere große Dörfer im Unterelsaß sich weigerten, sie mit der Trikolore zu begrüßen. Einem Bekannten von mir sagte in den kritischen Tagen ein alter Straßburger, ein notorischer Franzosenkopf: ‚Wissen Sie, wie mir ist? Mir ist so, als ob ich mich von meiner rechten Frau scheiden lasse und meine Mätresse heiraten tät'.' Treffender läßt sich die Stimmung nicht kennzeichnen, in der sich das Elsaß ‚der wieder gefundenen Mutter an die Brust warf'."

*Abb. 33:* Am Mühlenkanal — Zeichnung von Roland Anheisser (1903)

## *Verflochtenheit deutscher und französischer Kultur im Elsaß*

Wie stark sich im Elsaß deutsche und französische Kultur berührt, ja verflochten haben, dafür ist die Zweisprachigkeit in *Albert Schweitzers* Elternhaus ein Beispiel. Im Buch „Aus meinem Leben und Denken" berichtet er:

„Wohl spreche ich von Kindheit auf Französisch gleicherweise wie Deutsch. Französisch aber empfinde ich nicht als Muttersprache, obwohl ich mich von jeher für meine an meine Eltern gerichteten Briefe des Französischen bediente, weil dies so Brauch in der Familie war. Deutsch ist mir Muttersprache, weil der elsässische Dialekt, in dem ich sprachlich wurzle, deutsch ist."[71]

Und weiter sagt er: „Den Unterschied zwischen den beiden Sprachen empfinde ich in der Art, als ob ich mich in der französischen auf den wohlgepflegten Wegen eines schönen Parks erginge, in der deutschen aber in einem herrlichen Wald herumtriebe. Aus den Dialekten, mit denen sie Fühlung behalten hat, fließt der deutschen Schriftsprache ständig neues Leben zu. Die französische hat diese Bodenständigkeit verloren. Sie wurzelt in der Literatur. Dadurch ist sie im günstigen wie im ungünstigen Sinne des Wortes etwas Fertiges geworden, während die deutsche in demselben Sinne etwas Unfertiges bleibt. Die Vollkommenheit des Französischen besteht darin, einen Gedanken auf die klarste und kürzeste Weise ausdrücken zu können, die des Deutschen darin, ihn in seiner Vielgestaltigkeit hinzustellen."[72]

Dank der Beherrschung beider Sprachen war Albert Schweitzer imstande, sein Werk über J. S. Bach, einem Wunsch seines Pariser Musiklehrers Widor folgend, auf französisch zu schreiben, während er gleichzeitig in Straßburg deutsche Vorlesungen und deutsche Predigten hielt. Er gestand: „Es bedeutete eine Anstrengung für mich", aber auch: „Über der Arbeit an dem französischen Buch kam ich zur Klarheit über die meiner Natur entsprechende Schreibweise." Vom Französischen her gewohnt, auf die rhythmische Gestaltung des Satzes bedacht zu sein und Einfachheit des Ausdrucks zu erstreben, sei ihm dies auch im Deutschen zum Bedürfnis geworden.

So wußte Albert Schweitzer sich beiden Kulturen, der französischen und der deutschen, dankbar verpflichtet: nach einem Wort von *Theodor Heuss* hat er „diesen Dank dadurch zum Ausdruck gebracht, daß er beiden ein Mehrer geworden ist".

Im „Rechenschaftsbericht eines Elsässers“, niedergeschrieben im Militärgefängnis Metz während seiner Haft, vermerkte *Robert Ernst* am 20. Juni 1951:

„Wir Elsässer sollten uns unsere Natürlichkeit im Dialekt erhalten. Die unserem Dialekt entsprechende Bildungssprache ist das Hochdeutsche und wir wären Narren, wenn wir uns auf Grund politischer Gesinnung dieses selbstverständliche, unserer Volkssprache entsprechende Instrument allgemeiner Bildung rauben lassen würden — wie es leider zur Zeit der Fall ist. Ebenso verkehrt wäre es, wenn der Elsässer in seinem Zusammenleben mit dem französischen Volk die Möglichkeit nicht wahrnehmen würde, die französische Sprache als zweite Sprache hinzuzulernen, zumal die — so oder so — in absehbarer Zukunft sich vollziehende Vereinigung der Kräfte des deutschen und französischen Volkes dem elsässischen Volk nach Jahrhunderten des Unsegens seiner Grenzlage die Vorteile seiner Mittlerlage am Oberrhein schenken dürfte.

Ich buche es auf jeden Fall für mich als einen Vorzug, daß meine Grundsprache, meine wirkliche Muttersprache der elsässische Dialekt ist — meine Eltern und ich haben bis zum heutigen Tage stets nur elsässisch miteinander gesprochen, wenn wir gemütlich uns aussprechen wollten —, daß mein Zugang zu allgemeiner Bildung die hochdeutsche Schriftsprache war und blieb und daß mir der Sinn für die französische Sprache von Kindheit anerzogen wurde. Da ich auch heute noch die französische Sprache um ihrer Klarheit und Musikalität willen liebe, steht außer Zweifel, daß man auch als eindeutig deutschgesinnter Elsässer französischem Wesen aufgeschlossen gegenüberstehen kann; und ich wünsche nur, daß es den französisch gerichteten Kräften in meiner Heimat gelingen möge, sich recht bald aus einseitiger Verkrampfung und aus der falschen Gleichsetzung von Problemen der Sprachenfrage und politischer-nationaler Gesinnung zu lösen.“[73]

### *Goethe in Straßburg*

In Straßburg hat *Albert Schweitzer Goethes* Spuren auf Schritt und Tritt gekreuzt. Er hat auch einmal, wie Robert Minder berichtet, im selben Haus am Fischmarkt gewohnt. Er ist wie jener staunend vorm Münster gestanden. Hat nicht die Westfassade einst die Begeisterung Goethes für gotische Kunst geweckt, darin beide Völker große Bauwerke schufen?

Es war rund 120 Jahre zuvor, im Frühjahr 1770, daß der Frankfurter Patriziersohn als studiosus juris die damalige berühmte Straßburger

Akademie bezog — Kaiser Ferdinand II. hatte sie 1621 zur Universität erhoben. Johann Wolfgang Goethes gedachten auch die jungen Studenten, die nach 1872 aus dem Altreich in die neuerrichtete Hochschule herbeiströmten. Ihre Gedanken, ihre Stimmung hat *Rudolf Henning* aus eigenem Erleben mit folgenden Sätzen bezeugt:[74]

„Als wir im Jahre 1872 als junge Studenten das Land wieder betraten, da war es unser alter Kommilitone, der ganz wesentlich dazu beitrug, uns ein geistiges Heimatgefühl zu bereiten. Wie ein Baum mit seinen Wurzeln tief in die Erde greifend allen zerstörenden Wandlungen zum Trotz eine ganze Position zu schützen vermag, hat er uns hier deutsches Empfinden behütet. Ein eigenes Verhängnis hat es gewollt, daß ihm selber erst im Elsaß ein lebendiges Gefühl des Deutschtums aufgehen sollte. Hatte er im deutschen Leipzig der französischen Kultur gehuldigt, so wird er sich im französischen Elsaß der deutschen Art bewußt.

‚Deutschheit emergierend', schreibt er im Entwurf von ‚Dichtung und Wahrheit' über den Straßburger Abschnitt seines Lebenswerkes. Lauter noch als in Frankfurt redeten hier die Zeugen deutscher Vergangenheit. Vor allem Erwins Münster. Es bleibt der geistige Hintergrund seines ganzen Straßburger Aufenthalts."

Nach der Rückkehr schreibt *Goethe* am 21. September 1771 aus Frankfurt am Main an den Straßburger Gefährten *Johann Gottfried Röderer* die sehnsüchtigen Worte: „Das größte Musterstück der deutschen Baukunst, das Sie täglich vor Augen haben, das Sie mit Muße bei genialischen Stunden durchdenken können ..."[75]

Im 11. Buch von „Dichtung und Wahrheit" schwingt noch nach „Der Schmerz, das herrliche Elsaß, mit allem, was ich darin erworben, auf immer zu verlassen."

## *Straßburg — das geistige Tor nach dem Westen*

In „Hermann und Dorothea" hatte der Löwenwirt gewünscht, sein Sohn Hermann solle sich „auf Reisen bald begeben und sehn zum wenigsten Straßburg und Frankfurt, und das freundliche Mannheim, das gleich und heiter gebaut ist." So auch Rat Goethe für seinen Sohn Wolfgang in Erinnerung an den eigenen Studienaufenthalt in Straßburg. So auch ein halbes Jahrhundert später der Darmstädter Arzt *Büchner* für seinen Sohn Georg, mit betonter Blickrichtung nach Frankreich; denn „Straßburg war das geistige Tor nach dem Westen". Im Nachwort zu *Georg Büchners* aufrührerischer Zeitschrift „Der hessische Landbote" schreibt Martin Greiner: „Wie der junge Goethe folgte auch der junge Büchner einem Wunsche des Vaters, als er nach Straßburg ging. Denn der Vater bewahrte in seinem Herzen eine alte Liebe für Frankreich, für den erfrischenden Luftzug, der von der Französischen Revolution, von der Proklamation der Menschenrechte, von den Siegeszügen Napoleons ausgegangen war.''[76]

*Das Elsaß und der Reichsfreiherr vom Stein*

Ein merkwürdiges Beispiel, wie deutsche und französische Kultur im 18. Jahrhundert gerade durch Straßburg und das Elsaß verflochten waren, bietet die Erziehung des *Reichsfreiherrn vom Stein.*[77] Seine Mutter, aus dem mittelrheinischen Adelsgeschlecht Langwerth von Simmern, erwählte für ihre vier Söhne elsässische Sprach- und Hofmeister, so für Sohn Karl den sittsamen Pädagogen *Friedrich Rudolf Salzmann*, einen Vetter des Straßburger ,,Aktuars'' Salzmann, in dessen Tischrunde 1770 der junge Studiosus Wolfgang Goethe saß. Friedrich Rudolf Salzmann zählte in Straßburg neben seinem gewichtigen Vetter zu den führenden Geistern des kulturellen und vaterländischen Lebens und gründete, zusammen mit dem Livländer Lenz, dem Freund Goethes, die ,,Deutsche Gesellschaft''.

Der junge Stein plante anfangs der 1770er Jahre dem an der welfischen Universität Göttingen begonnenen Studium in deutschem Reichsrecht, Reichsgeschichte und Staatslehre ein Semester an der Straßburger Akademie, bevorzugter Ausbildungsstätte und Stelldichein des jungen europäischen Adels, anzuschließen. Im Jahr 1790, kurz nach der Französischen Revolution, faßte er erneut Straßburg ins Auge, obwohl im Bannkreis der preußischen Verwaltung an Ruhr und Lippe stehend. Damals schrieb er seinem Freund Franz von Reden, er gehe nunmehr ,,auf einen Moment nach Nassau und von da — welches ich Ihnen doch nur sub sigillo confessionis sage — nach Straßburg. Die Idee, mich zu expatriieren kann ich nicht eher aufgeben, bis ich sie an Ort und Stelle untersucht habe, doch noch sind mir meine Dienstverhältnisse lieb, wegen der Gelegenheit, so sie mir geben zur gemeinnützigen Tätigkeit.''

Die Straßburger Pläne blieben unausgeführt. Der Stein-Biograph Kurt von Raumer bemerkt hierzu: ,,Der ,Deutsche Stein' steht lebendig vor unserer Seele ... Dennoch darf man den ,Europäer Stein' dahinter nicht übersehen, und das merkwürdige Intermezzo von 1790, das den ,Preußen' Stein beinahe zum ,Franzosen' gemacht hätte, ermahnt uns auch dann dazu, wenn man die Realität dieses Zwischenspiels nicht überschätzt''. ...,,Was Stein festhielt, war gleichwohl stärker: die eisernen Bande des ‚Handwerks', das er ‚mit Vorliebe und einem Wohlgefallen, das beständig zunimmt', ergriffen hatte und dessen Ausübung ihn gerade in der Abseitigkeit von Preußens westlichen Außenlanden, die hohe Unabhängigkeit mit sich brachte, höchstes Glück war."

So blieb Stein dem Staat Preußen erhalten und wurde der Reformer, der ein ‚Hochbild innerer Verwaltung' schuf, der Staatsmann, Haupt des Widerstandes gegen Napoleons Joch, Urheber von dessen endgültigem Sturz.

Steins Lebenslauf verlief also entgegengesetzt dem Schicksalsweg des Schwaben *Karl Friedrich Reinhard*, der, als Hauslehrer nach Frankreich gekommen und von der Revolution erfaßt, dort in den Staatsdienst eintrat, zum französischen Außenminister, zur Würde eines Grafen und Pairs von Frankreich emporstieg, freilich mit einem Zwiespalt im Herzen — sein Briefwechsel mit Goethe beweist es.

### *Grenzlandzeichen*

Steigen und Sinken des Elsaß in unserem Jahrhundert hat der Historiker *Friedrich Meinecke* in seiner Straßburger Zeit verfolgt und rückblickend zum dortigen Grenzdasein bekannt: „Wir haben dankbar in fernen, schönen Friedenszeiten das Wort an uns erfahren dürfen: Grenzen trennen nicht nur, sie verbinden auch ... Uns hat es aufs tiefste erschüttert, wie dieses Gut der doppelten Kultur, das uns, die wir den sicheren Schatz des Deutschtums im Herzen trugen, uns Reichtum und Gewinn bedeutet hat, wie eben dies Zwischen-den-Ländern-Stehen der großen Masse des Volkes Gefahr und innere Unsicherheit brachte. Was uns im Frieden beglückte, ist bitterstes Leid für das elsässische Volk im Krieg geworden, Gefahr und Schuld, schicksalhafte Schuld für viele."[78]

### *Das Elsaß — November 1918*
### *„Sie möchten gern begraben die deutsche Vergangenheit"*

Trauer klang aus *Wilhelm Teichmanns* Gedicht „Das Elsaß — November 1918":

„Es klingt wie Hack' und Spaten;
sag, Bub, was ist das doch? —
Sie schaufeln und sie graben
im Elsaß ein tiefes Loch.

Sie ändern Schild und Namen
und wechseln Kapp und Kleid —

sie möchten gern begraben
die deutsche Vergangenheit.

So grabt nur, grabt und macht mir
ja nicht zu klein das Grab.
Es muß ja ganz Alt-Straßburg,
das Münster muß mit hinab.

Das Münster und Alt-Straßburg
und sonst noch viel muß hinein.
Grabt zu! — Es läuft indessen
Das Wasser ab im Rhein."

### *Die Chance einer besonderen Mittlerrolle: Überwindung der Gegensätze zwischen Frankreich und Deutschland*

*Franz Prinz zu Sayn-Wittgenstein* urteilt in seinem Buch „Fahrten ins Elsaß": „Das Elsaß ... als Land der Mitte, als Grenzland zwischen Deutschland und Frankreich, ist besonders aufnahmebereit gewesen; ihm ist in den Epochen, in denen vor allem westlicher Einfluß auf Deutschland wirkte, eine besondere Mittlerrolle zugefallen, doch ist es mehr Sammelbecken als Ausgangspunkt geworden."[79]

*Carl J. Burckhardt* schildert in seinen „Begegnungen" *Johannes Strohl*, Zoologieprofessor in Zürich: „Dieser Elsässer hat aus den Voraussetzungen seines Ursprungslandes und seiner Wahlheimat, der Schweiz, die Möglichkeit gefunden, die Spannung zwischen französischem und deutschem Wesen schöpferisch zu überwinden, beide Wesensarten in sich zusammenzuhalten, eines vom andern aus als Phänomen zu durchleuchten; er war fähig, aufzuzeigen, daß dort, wo im Vordergrund lauter Gegensatz, Zerwürfnis und Anklage herrschten, in Wirklichkeit aus Nehmen und Geben unsichtbar ein gemeinsames Werk sich aufbaut."[80]

Vom Präsidenten des Europaparlamentes *Hans Furler* berichtete *Nikolaus Benckiser* in der „Frankfurter Allgemeinen Zeitung":

„In ihm schien sich die These zu bestätigen, daß die Alemannen, eben weil sie in verschiedenen Staaten siedeln und es nie so recht zu einem eigenen gebracht haben, besonders weltoffen seien. Jedenfalls fiel es Furler in den hoffnungsreichsten Jahren politischer Gestaltwerdung Europas zu, als erster Deutscher in der Nachkriegszeit an die Spitze einer bedeutenden internationalen Körperschaft berufen zu werden: zunächst, 1956, als Präsident der ‚Gemeinsamen Versammlung', in die er 1955 entsandt worden war, später des daraus hervorgegangenen Europäischen Parlaments in Straßburg.“[81]

### *Zwei Hälften eines Lebens*

*Carl J. Burckhardt* berichtet noch von einem anderen Elsässer, in dem germanisches und romanisches Wesen verschmolzen. Alemanne und Gallier in einer Person: es war *Lucien Herr* aus Altkirch im Oberelsaß, Bibliothekar der Ecole Normale Supérieure in Paris. An einem Wintermorgen 1924 begegnete er ihm beim alten Buchhändler und Antiquar Augustin, zusammen mit Rainer Maria Rilke. Das Gespräch — fast wie ein Gesellschaftsspiel aufsprühend — huldigte den Dichtern des „wirklichen Europa“ und erkannte La Fontaine und Johann Peter Hebel als geistige Brüder. Den Fabeln des Franzosen stellte Lucien Herr die alemannischen Gedichte des Wiesentälers zur Seite und rezitierte daraus in der unverwechselbaren Aussprache des Oberrheins. „Das ist“, sagte er, „die andere Hälfte meiner Jugend, meine ganze Kindheit, wenn ich das höre, bin ich zu Hause, gibt es keinen Unterschied mehr zwischen zwei Sprachen. Da bin ich völlig in dem alten Europa — da ist alles echt und wahr und genau und gemessen unter seiner Hand und das Kleinste herrlich, und das Größte vermag er auch auszusprechen.“ Dies war das Bekenntnis des Elsässers Lucien Herr, des „sokratischen Erziehers von beinahe drei Generationen junger Franzosen ..., aus dessen Händen ein Peguy hervorging“ (Carl J. Burckhardt).[82]

Der Germanist *Robert Minder* hat seinem Lehrer *Lucien Herr* im Vortrag „Hebel und Heimatkunst — von Frankreich aus gesehen“, anknüpfend an Burckhardts Bericht vom „Vormittag beim Buchhändler“, dankbare, ergreifende Erinnerungsworte gewidmet, als unerschrockenem Bürgen: „ein Mann von Granit, ein Mönch der Republik und zugleich ein zarter und behutsamer Vermittler.“[83]

### *Kultureller Neubeginn: Ernst Stadler, Otto Flake, René Schickele*

Der Elsässer *Ernst Stadler* (1893—1914), Sprößling des Straßburger Protestantischen Gymnasiums — sein Vater war Kurator der Universität —, ist Bannerträger expressionistischer Lyrik junger deutscher Dichter. Ihn zeichnete aus „Offenheit für verschiedenste kulturelle und konfessionelle, aber auch soziale und zivilisatorische Bereiche und Strömungen“. Mit seinen befreundeten Landsleuten René Schickele, Otto Flake und anderen gab er eine kurzlebige Halbmonatsschrift für elsässische Kultur heraus. Zur Schriftleitung trafen sie sich in einem Turm der alten Stadtbefestigung an der Ill, aus einem „jugendlichen

Hang zum außerstädtischen, antibürgerlichen, zum freien, natürlichen, romantisch verbrämten Leben". Stadlers Gedichtsammlung „Der Aufbruch" ist durchpulst vom Erlebnis der elsässischen Heimat und ihrer Vergangenheit, getragen von der Bemühung, das kulturelle Erbe des Grenzlandes zu bewahren und weiterzugeben, zu innerer Einkehr, zu Läuterung, zu Seelenstärkung.[84]

So fühlt sich *Ernst Stadler* ein in Herz und Sinn der Äbtissin Herrad im Kloster Höhenberg, der Dichterin des „hortus deliciarum" um 1170, und läßt sie hinabblicken und vorausschauen:

„ ... unter mir war Ebene, ins Grün versenkt, mit vielen Kirchen und weiß blühenden Obstbäumen,
Hingedrängten Dörfern, weit ins Land gerückt, bis übern Rhein, wo wieder blaue Berge sie umsäumen.
An ganz stillen Nachmittagen meinte man die Stimmen von den Straßen heraufwehen zu hören, und Abends kam Geläute,
Das hoch den blau ziehenden Rauch der Kamine überflog und mich in meinem Nachsinnen erfreute ...
... Und ich beschloß, all das Krause, das ich seit so viel Jahren
Aus Büchern und Wald und Menschenherzen und einsamen Stunden erfahren,
Alles Gute, das ich in diesem Erdenleben empfangen,
Treu und künstlich in Bild und Schrift zu bewahren und einzufangen.
Später, wenn die Augen schwächer würden, in den alten Tagen,
Würd ich in meiner Zelle sitzen und übers Elsaß hinblicken
und mein Buch aufschlagen,
Und meiner Seele sprängen wie am Heiligenquell im Wald
den Blinden Wunderbronnen
Und still ergieng ich mich und lächelnd in dem Garten meiner Wonnen."[85]

### *Zwischen Hoffnung und Verzweiflung*

Die im René-Schickele-Kreis zusammengeschlossenen elsässischen Dichter der Gegenwart hegen stille Hoffnung, selbst wenn sie manchmal ihrer Verzweiflung erschütternden Ausdruck geben. So beschwört der Elsässer *Paul Georges Koch* seine Landsleute im Gedicht „Elsaß":

„Verhöhnt mir nicht dies Land und heißt nicht Wüste
die unscheinbare Flur, um die zwei Welten
sich einst gezankt, wie Nachbarn um ihr Feld!

Ihr habt das Recht nicht, so euch selbst zu schänden —
den Lebenskeim im voraus zu ersticken,
der vielleicht heute schon, da's keiner ahnt,
in eurer Mitte treibt und morgen grünt
und blüht ... Noch gehen Samen auf im Acker,
die nicht ein Sämann, sondern Gott gesät.
Ihm traut die Tat zu, die ihr nicht gekonnt —
und auf jahrhundertlange ausgeruhtem Land
soll eine Ernte reifen, Gott *und euch* zum Preis!"

Im Kriegsjahr 1944, an der Vogesenfront, entrang sich dem bedrückten Herzen *Hans Georg Müller-Payer's*, eines Volkssturmmannes, der zum Stellungsbau und Baumfällen kommandiert war, ein Gedicht „Waldfrevel im Grenzgebirg", dessen Schlußverse lauteten:[86]

„Aber du wirst dich erhalten,
alt-gediegenes Gestein,
deines hohen Amtes walten,
Wiesen nähren, Herden weiden,
Wälder tragen, Völker scheiden,
glänzen in der Sonne Schein
und im Regen nicht veralten,
heiteres Laub und düstere Tannen,
Grenzgebiet der Alemannen,
Heimat deinen Kindern sein ..."

*„Die Menschen sind's, von Krieg und Haß geschürt..."*

An die Gegenwart richtet *Joseph Reithler* seine „Rhapsodien aus dem Elsaß" und prangert darin im Gleichnis „Vom verseuchten Rhein" die Zwietracht der beiden Nachbarvölker an:[87]

Nicht Schlamm ists, den der Talweg führt
und nicht das Gift, das nach der Säuberung schreit —
die Menschen sinds, von Krieg und Hass geschürt,
die gleiche Völker schon Jahrhunderte entzweit.

Auch Dörfer nicht, mit gleichen Namen
auf beiden Seiten sinds, die Grenzen setzen.
Staatsmänner sinds, die stecken jene Rahmen,
die Völker gegen Völker hetzen.

Erst wenn die Menschen sich, nach Alemannenart
als Völker grenzenlos berühren.
wird auch der Rhein, vom alten Zwist bewahrt
ein unverseuchtes Friedenswasser führen."

## *Zwischenland der tausend Brücken*

In unseren Tagen hat ein anderer Elsässer, *Friedrich Spieser*, darauf hingewiesen im Roman „Tausend Brücken", dieser „biographischen Erzählung aus dem Schicksal eines Landes": „Wenn irgendwo, dann ist im Elsaß das mittelalterliche, übervölkische Denken erhalten geblieben. Seine Bewohner wußten zu schätzen, wie viele wertvolle Antriebe die Berührung mit Frankreich ihnen gebracht hatte. Warum sollte ein so nahe liegender Zugang zu einem Stück des übrigen Abendlandes nicht benutzt werden? Aber auch wieso sollte einer im Elsaß auf den Gedanken kommen, im Volk seiner Sprache den Erbfeind zu sehen?"[88]

Friedrich Spieser hat den geschichtlichen Wandel seiner Heimat durch Jahrhunderte — vom deutschen Kernland und Kaiserland, Friedrich Barbarossas „geliebtem Erbland", zum armen hin- und hergerissenen „Zwischenland" — in seinem schriftstellerischen Schaffen begleitet und gedeutet, persönlich durchlitten.[89]

## *Die Elsässer verstehen lernen*

Docteur *Ernest Irrmann* (ehemaliger Chef der Chirurgischen Klinik in der Medizinischen Fakultät der Universität Straßburg) schrieb 1980 Erinnerungen an seine Schulzeit im Straßburger Protestantischen Gymnasium von 1913 bis 1922, also aus deutscher und französischer Zeit nieder, in Anhänglichkeit an seine Lehrer, sie treffend, humorvoll und gerecht schildernd. Er schloß seinen Bericht mit nachdenklichen Betrachtungen über das Elsaß und seine Landsleute:

„On ne peut comprendre l'Alsace, ni surtout les Alsaciens, si l'on ne tient pas compte de l'impact profond qu'ont eu sur la population les changements politiques qui entrainaient à chaque fois des difficultés linguistiques. La marge, permettant un rattrapage dans ce domaine, est souvent étrorte. Beaucoup de jeunes gens incorporés pendant la première guerre mondiale se trouvaient, s'ils avaient la chance de rentrer sains et saufs, devant un vide, comment aborder les études universitaires quand on ne sait pas, ou à peine, le français? Certains préféraient souvent à contre-coeur, les faire en Allemagne. D'autres, ne voulant pas se séparer de leur petit pays, se trouvaient trop vieux pour les commencer ou, découragés par les difficultés de langue et de réadaption, renonçaient à leurs ambitions de jeunesse; leur vie a pris un autre cours que celui qu'ils avaient imaginé. Voyant autour d'eux des compatriotes plus favorisés, peut-on leur en vouloir s'ils ressentaient une certaine amertume? Comment aussi ne pas comprendre les complexes de certains Alsaciens face à ceux qui n'ont jamais connu ces problèmes?

Il faut avoir le coeur bien accroché pour vivre dans une provence qui, en 75 ans, a changé cinq fois de nationalité et pour ne pas être balotté tantôt d'un côte, tantôt de l'autre. Il faut surtout beaucoup de philosophie, qui pourrait mieux nous la communiquer qu'un humanisme fondé sur une base chrétienne tel qu'il nous a été donné par notre passage au Gymnase protestant? C'était beaucoup moins des paroles qu' un certain comportement, une certaine dignité de nos maîtres qui nous en impregnait, même si l'on se moquait d'eux et si l'on menait parfois sa vie dure á quelques-uns d'entre eux.

C'est à eux, á tout ceux qu'avec mes camarades j'ai en le privilège, de connaître, que je voudrais dédier ces lignes. Beaucoup d'entre eux ont d'ailleurs comme des problèmes comparables a coeur de leurs élèves et ont partagé leurs difficultés. Qu'ils soient remerciés de nous avoir aidés á devenir ce que nous sommes. Que cette gratitude soit ressentie comme un hommage bien mérité particulièrement par ceux pour lesquels le choix de la véritable vocation."[90]

*Abb. 34:* Große Metzig (1586) und Münster  Zeichnung von Roland Anheisser (1902)

## *Verständigung zwischen den beiden Nachbarvölkern*

Wir Deutschen haben gelernt, uns zu bescheiden, nationalistisches Denken zu überwinden. Dazu kann uns heute ein politischer Schriftsteller des vorigen Jahrhunderts, der Journalist und Historiker *Alfred Dove*, Wegweiser sein. Er schrieb im August 1870, also in den ersten Kriegswochen, in den „Grenzboten", der vielgelesenen Zeitschrift, verantwortungsbewußt und maßvoll über die Elsässer und Lothringer: „Wir bleiben immer eine große und mächtige Nation; auch ohne daß wir diese versprengten Brüder in unseren Staat wieder hineinzögen; es könnte uns genügen, ihren Untergang abgewehrt zu haben. Wir würden das Münster zu Straßburg ohne Kummer schauen können, wie heute die Kathedrale von Antwerpen."[91]

Solches Denken war Ausdruck des „klassischen Liberalismus mit seinem realistisch abgekühlten Idealismus" (Friedrich Meinecke) und ließ Dove damals die weiteren Sätze aus der Feder fließen:

„Aus dem Naturrecht unserer gegenwärtigen Sicherung und unseres künftigen Gedeihens möchte ich das Maß unserer Forderung begründet sehen, nicht nur dem historischen Recht unseres Besitzes in irgendwelcher Vergangenheit."[92] Er forderte, daß jede große und zivilisierte Nation ihren politischen Ausdruck finde; es sei gleichgültig, ob Teile von ihr mit anderen Völkern staatlich verbunden blieben und ob sie selbst Angehörige fremder Nationalität habe, „wenn nur ... diesen Außernationalen ihre natürlichen Grundrechte gewährleistet bleiben ...: Die Pflege und Lehre der Muttersprache in den Schulen, der gemeinsame Gottesdienst in der Muttersprache, die Gewährung der Möglichkeit, daß jeder Nationale beim Gebrauch seiner Muttersprache in öffentlichen und persönlichen Angelegenheiten sein Recht vertrete und sein Recht finde."[93]

Im Jahr 1871 warnte *Alfred Dove* seine Deutschen vor der Gefahr, „daß wir unsere Unbefangenheit verlieren, die Naivität unbewußten Adels, durch die wir gerade geworden sind, was wir sind."[94]

Seine Warnung wurde überhört. Nach allem, was wir Deutschen in hundert Jahren seitdem erlebt und erlitten haben, sind wir für seine Gedanken empfänglich geworden. Unsere Erkenntnis spricht aus den Sätzen, die *Harry von Craushaar*, Militärverwaltungschef im Zweiten Weltkrieg, als Kriegsgefangener im Juli 1946 für sich und die Seinen niederschrieb: „Die Ära des nur nationalen Ideals in der Politik ist vorüber, an Überspitzung zu Grunde gegangen. Schreiben wir sie ab, wenn auch andere Völker, schönen Worten zum Trotz, noch lange anders handeln werden, und werden wir Träger des kontinentalen, des Weltgedankes. Die alten Grenzen der Staaten sind in ihrer Enge längst überlebt ... Gottes Finger hat mit großer Gebärde auf die Grenzen menschlicher Möglichkeiten und das ewige Gesetz hingewiesen, dem wir uns beugen oder zerbrechen müssen. Öffnen wir die Augen weit, lernen wir wieder Ehrfurcht und Bescheidenheit."

### *Am Vorabend des Ersten Weltkrieges*

In der Selbstbiographie „Aus meinem Leben und Denken" beschrieb *Albert Schweitzer* das Verhältnis der Nachbarvölker Deutschland und Frankreich um das Jahr 1913:

„Mit der Kriegsgefahr rechnete ich, obwohl mir feststand, daß weder das französische noch das deutsche Volk den Krieg wollten, und obwohl die Parlamentarier beider Länder Gelegenheit suchten, sich kennenzulernen und sich gegenseitig auszusprechen. Als einer, der seit Jahren für die *Verständigung zwischen Deutschland und Frankreich* arbeitete, wußte ich, wieviel gerade damals für die Erhaltung des Friedens im Werke war, und behielt einige Hoffnung, daß es gelingen könne. Andererseits aber gab ich mich keiner Täuschung darüber hin, daß das Schicksal Europas nicht mehr von dem Verhältnis Deutschland — Frankreich allein abhängt."[95]

### *Verständigungsversuche zwischen den Kriegen*

Um eine deutsch-französische Verständigung bemühte sich — vor der Machtergreifung der Nationalsozialisten — der *„Sohlbergkreis"* auf einem Treffen, das von der Arbeitsgemeinschaft der Karlsruher Jugendbünde unter Leitung von *Otto Abetz* und dem „Groupement Universitaire Franco-Allemand" in der Pariser Sorbonne im August 1930 veranstaltet wurde. Das Tagungsthema lautete: „Die politische, wirtschaftliche, soziale, kulturelle und religiöse Lage Deutschlands und Frankreichs und die besondere Stellung der jungen Generation in ihr." *Otto Abetz* beschrieb den Standort der Jugendherberge am Rand der Hochfläche: „...der Blick weit hinaus über die Rheinebene, in welcher der Strom seine silberne Schlinge vor der Silhouette des Straßburger Münsters zog, während die Höhen der Vogesen aus blauer Ferne zum Schwarzwaldgebirge herübergrüßten".[96]

Der elsässische Dichter *René Schickele* hat bereits im Jahr 1928 seiner Heimat als Aufgabe für die Zukunft verkündet: „Wo sich heute noch der laute und wirre Wettstreit der Eitelkeiten tummelt, kann morgen der Garten der deutsch-französischen Freundschaft im Licht stehen. Das kann nur hier sein, wenn das Motiv der Freundschaft ehrlich gemeint sein soll."

### *„Zweier Nationen Lebensgefühl und Kultur"*

Wie René Schickele, so verband auch die Schriftstellerin *Annette Kolb* „zweier Nationen Lebensgefühl und Kultur". Sie ließ sich am Ende ihres Lebens im Südschwarzwald nieder: „mit dem Blick in die Rheinebene und die leichte und scharfe Horizontlinie der Vogesen vor dem großen Himmel des Westens." Der Schweizer *Carl Burckhardt* erzählt von einem Besuch bei ihr: „Sie wohnt in einem kleinen Hause am Waldrand, über den warmen Quellen Badenweilers, und dort ist sie die Nachbarin des andern Deutschen, dem diese ‚Grenze' mitten durchs Herz führt. Sie ist die Nachbarin ihres Freundes *René Schickele,* den ihr der Tod schon bald entreißen soll."[97]

Hat solch' ererbtes Vermögen nicht auch den Bundesminister *Carlo Schmid,* Sohn eines Deutschen und einer Südfranzösin, ausgezeichnet? In einer Rede zur Eröffnung einer Courbet-Ausstellung in Frankfurt am Main 1980 führte er aus: „Der Begegnung zwischen Deutschland und Frankreich steht in Seele und Geist nichts Unüberwindliches mehr im Wege. Das Verhältnis, in dem sie zueinander stehen, erlaubt Unbefangenheit im gemeinsamen Umgang mit Dingen, die beiden gleichermaßen Sorge und Hoffnungen gestatten. Sie brauchen nicht mehr das fatale ‚Sich-verständigen-wollen'. Es genügt und ist besser, zu versuchen, den anderen zu verstehen. Dabei kommt man oft zu einem besseren Verständnis seiner selbst. Die aus der Vernunft geborene Bereitschaft, die gemeinsame Geschichte gemeinsam in eine Zukunft zu tragen, die Europa heißt, kann aus Arbeitskameraden Freunde werden lassen."[98]

Gesinnungsverwandt mit Carlo Schmid war der Altelsässer *Robert Minder,* Germanist an der Sorbonne und am „Institut de France", Schüler des Straßburger Protestantischen Gymnasiums, wie vor ihm *Ernst Robert Curtius,* der Romanist an der Universität Bonn. Am 23. Juni 1971 erhielt Minder in Bad Godesberg den „Inter-Nationes-Preis" überreicht, „in dankbarer Anerkennung seiner Verdienste um die Verständigung der Völker". Das Elsaß als „Nahtstelle des Kontinents" hatte ihn dazu bestimmt, „Mentor zweier schwieriger Nachbarn zu sein, den französischen Landsleuten das unbekannte Deutschland näherzubringen und die Deutschen selbst von manchen Lesebuch-Vorstellungen zu befreien" — so der ehemalige Botschafter in Paris, *Freiherr von Braun*, im Grußwort; er bezeichnete Minders Geburtsort Wasselnheim als Symbol einer doppelten Verwandtschaft, „dort, wo sich die Ausläufer der Vogesen in der oberrheinischen Tiefebene verlieren und die Straße von Paris in einem letzten großen Bogen nach der europäischsten aller Städte entlassen ... Haben nicht die Steine von Wasselonne zum Bau des Straßburger Münsters gedient, dessen Turm weithin ins Elsässische und ins Badische schaut, nach Osten wie nach Westen zwei Sprachen sprechend und einem Geist dienend", wie 08Robert Minder selbst?[99]

### *Brüderlichkeit statt Chauvinismus*

Vom elsässischen Dichter *Ernst Stadler* (1883—1914), Schüler des Straßburger Protestantischen Gymnasiums, sagt der Biograph *K. L. Schneider:*

„Es wäre falsch, dieses Europäertum eines Deutschen, dem in Frankreich etwa ein Geist wie Romain Rolland entspricht, als eine vereinzelte Zufälligkeit anzusehen. Es ist viel mehr, es ist eine frühe, noch vereinzelte Blüte eines europäischen Geistes, eines Freundschaftsbedürfnisses zwischen germanisch-gotischem und romanisch-klassischem Geist. Es ist eine Frucht des selben Geistes, aus dem seit zwei und mehr Jahrzehnten in Deutschland und in Frankreich viele der begabtesten und ernsthaftesten Jungen sich um ein nachbarliches, freundliches, fruchtbares Zusammengehen der beiden Völker bemüht haben."[100]

Ernst Stadler fiel als junger Offizier im Ersten Weltkrieg, schon im Herbst 1914, an der Westfront. Ihn würdigte jetzt, nach sieben Jahrzehnten, *Peter Härtling* in einem Werkaufsatz: „Ein Dichter im Aufbruch, ein junger Gelehrter voller Hoffnungen. Seine Wachsamkeit, seine Hellsicht verdankt er nicht zuletzt seiner Herkunft. Er, der im Elsaß aufwuchs, der zwischen und mit zwei Sprachen lebte, kannte die Gefahren des blinden Chauvinismus, fürchtete sie, dachte und schrieb gegen sie. Er zählte zu jenen seiner ohnedies durch den Krieg aufgeriebenen Generation, die mit ihren Versen, glühend die Brüderlichkeit bebeschwörend, aufbrachen und mehr oder weniger vergessen wurden."[101]

### *Grenzsituation*

Richten wir unsere Augen erneut aufs Elsaß und sein Grenzlandschicksal, rufen wir alte und neue Zeugen dazu auf, mit vorwärtsblickenden, hoffnungsvollen Aussagen! Schreiten wir vom Allgemeinen zum Besonderen:

Vom Religionsphilosophen *Paul Tillich* stammt der Satz: „Die Grenze ist der eigentlich fruchtbare Ort der Erkenntnis." In seiner Rede bei der Verleihung des Friedenspreises des Deutschen Buchhandels am 22. September 1962 in der Frankfurter Paulskirche führt er aus:

„Das Dasein auf der Grenze, die Grenzsituation, ist voller Spannungen und Bewegung. Sie ist in Wirklichkeit kein Stehen, sondern ein Überschreiten und Zurückkehren, ein Hin und Her, dessen Ziel es ist, ein Drittes jenseits der begrenzten Gebiete zu schaffen, etwas, auf dem man für eine Zeit stehen kann, ohne in einem fest Begrenzten eingeschlossen zu sein. Die Situation der Grenze ist noch nicht das, was man Frieden nennen könnte; und doch ist sie der Durchgang, den jeder einzelne gehen muß und den die Völker gehen müssen, um zum Frieden zu gelangen. Denn der Friede ist das Stehen im Übergreifenden, das im Überschreiten und Rücküberschreiten der Grenze gesucht wird. Nur wer Anteil an den beiden Seiten einer Grenzlinie hat, kann dem Übergreifenden und damit dem Frieden dienen, nicht wer sich in der momentanen Ruhe eines fest Begrenzten sicher fühlt. Friede erscheint, wo im persönlichen wie im politischen Leben eine alte Grenze ihre Wichtigkeit und damit ihre Macht, Unfrieden zu stiften, verloren hat, auch wenn sie noch als Teilgrenze fortbesteht. Friede ist nicht spannungsloses Nebeneinander; es ist die Einheit im Umfassenden, in der das Gegeneinander lebendiger Kräfte und die Konflikte zwischen dem Alten und dem jeweils Neuen nicht fehlen, in der sie aber nicht zerstörerisch ausbrechen, sondern gehalten sind im Finden des Übergreifenden."[102]

*Die Grenze schärft Verstand und Verständnis*

Hat hiermit *Paul Tillich* die menschliche Grenzsituation beschrieben, in der wir ständig stehen, so redet der Dichter *Hans Grimm* greifbar von der räumlichen Grenze, die er in Südafrika am eigenen Leib erfahren hat: An der Grenze gebe es kein beschauliches Dasein: „An jedem Rand sind Bewegung und Widerstand am stärksten zu merken. Was ich erfahren habe, das bringe ich jetzt zurück." Das wurde der Antrieb zu seiner schriftstellerischen Wirksamkeit.[103]

Recht hat auch der niedersächsische Dichter *Georg Grabenhorst* in seinem bewegenden Lebensbericht: „Keiner ist eher imstande und bereit, den Nachbarn zu achten, die Grenze mit dem Herzen zu überwinden, als der, der an der Grenze lebt. Die Scharfmacher in den Völkern haben noch immer und überall hinten gesessen, weit vom Schuß. An der Grenze heißt es leben und leben lassen."[104]

Eintracht haben die Oberrheinlande an der Dreiländerecke Schweiz, Deutschland und Frankreich zu gedeihlichem Leben nötig. Der Rhein trägt Schiffe der Europäischen Wirtschaftsgemeinschaft von Rotterdam bis nach Basel.[105] In einer Studie „Das Elsaß im gemeinsamen Markt" weist der Verfasser auf das Buch des Maire von Straßburg, *Pierre Pflimlin*, und seines Mitarbeiters *René Uhrich* hin: „L'Alsace. Destin et volonté": Im Schlußkapitel empfehlen sie dem Leser, sich mit ihnen frühmorgens, wenn die Nebel noch über der Ebene liegen, auf den Odilienberg zu begeben. Dort erleben sie, wenn die Sonne sich erhebt und die Nebel von ihr weichen, das Bild des Elsaß: die städtereiche Ebene, gegenüber den Schwarzwald, und aus der Ebene aufragend das Zeichen des Straßburger Münsters. Im Süden begrenzt der Jura das Oberrheintal und hinter ihm leuchten die Alpengipfel, im Norden fließt der Rhein weiter nach Köln und nach Holland ins Meer. Von hoher Warte gesehen ergibt sich die Bestimmung dieses Landes, nicht ein schmaler Grenzstreifen zu sein, sondern Teil einer großen, neuerschlossenen europäischen Landschaft. Nach so vielen Kriegen und Krisen „versöhnt sich die Geschichte mit der Geographie". Das Elsaß soll, indem sein Wille sich mit seiner Bestimmung identifiziert, „sich mit sich selbst versöhnen".[106]

Das Elsaß ist heute längst „nicht mehr Grenzland, sondern eine Region im Zentrum eines großen, halbwegs geeinten Wirtschaftsraums."[107] Zu hoffen ist, daß sich die Kraft dieses Raumes „gegen naturwidrigen nationalistischen Irrsinn durchsetzt."

### *Rudolf Schwanders Weg nach dem Verlust der Heimat*

Ein treuer Sohn des Landes, liebte der Altelsässer *Rudolf Schwander*, letzter Bürgermeister Straßburgs in der Reichslandzeit, letzter Kaiserlicher Statthalter Elsaß-Lothringens, seine Heimat aus Herzensgrund, traf aber aus Pflichtgefühl die Wahl für das niedergebrochene Deutschland. Als Oberpräsident der preußischen Provinz Hessen-Nassau suchte und fand er in dortiger Landschaft Ähnlichkeit und sagte bewegt: „Wie im Elsaß! Die Luft der Heimat weht mich an." Seine alte Mutter war ihm 1918 gefolgt, über den Rhein nach Achern in der badischen Ortenau, dann in die kurhessische Residenzstadt Kassel. Am Ende ihres Lebens kehrte sie heimwehkrank ins Elsaß zurück und starb 1931 in einem Altenheim zu Ingweiler.

Ihr Sohn erwog nie eine gewaltsame Wiedereingliederung des Elsaß ins Deutsche Reich — er wollte die Heimat vor einem neuen Krieg bewahren. Er barg den Schmerz um das Verlorene in der Brust bis zum

*Abb. 35:* Blick von der Königsbrücke auf das Straßburger Münster vor dem Abendhimmel. Ölgemälde von Gustav Schönleber (1851—1917)

*Abb. 36:* Im „Kleinen Frankreich" mit Münsterblick Zeichnung von R. Anheisser (1902)

*Abb. 37:* Blick auf das Münster von Nordwesten  Zeichnung von R. Anheisser (1902)

*Abb. 38:* Altes Kaufhaus (1370) und Münsterturm  Zeichnung von R. Anheisser (1902)

*Abb. 39:* Am Ferkelmarkt Zeichnung von Roland Anheisser (1902)

*Abb. 40:* Der Rabenhof (1585) am Schiffleutstaden Zeichnung von R. Anheisser (1903)

*Abb. 11:* Blick von den „Gedeckten Brücken" nach St. Thomas R. Anheisser (1903)

*Abb. 42:* Das Fischertor Photo von 1868

*Abb. 43:* Das Judentor (Innenseite) Photo von 1881

*Abb. 44:* Gewerbslauben Photo von 1896

*Abb. 45:* Gewerbslauben, die „Kleinen Läden" Photo von 1895

*Abb. 46:* Gewerbslauben Photo um 1910

*Abb. 47:* Fischerstaden mit Blick auf die evangelische Garnisonskirche Photo um 1910

*Abb. 48:* Das Kaiserliche Hauptpostamt Ansichtskarte um 1910

*Abb. 49:* Das Stadttheater Ansichtskarte um 1920

*Abb. 50:* Das Ministerialgebäude von Südwesten — Photo um 1918

*Abb. 51:* Siedlung Stockfeld — Photo um 1918

*Abb. 52:* Gebäude des Landesausschusses und des Landtages Photo um 1897

*Abb. 53:* Bahnhofsplatz Photo um 1897

*Abb. 54:* Ferdinand Graf Dürckheim

*Abb. 55:* Karl Hackenschmidt

*Abb. 56:* Graf Dürckheim im Alter

*Abb. 57:* Robert Ernst

*Abb. 58:* Rudolf Schwander (vor 1918)

*Abb. 59:* Otto Back

*Abb. 60:* Rudolf Schwander

*Abb. 61:* Kurt Blaum

*Abb. 62:* Heinrich Veil, Direktor des Protestantischen Gymnasiums

letzten Atemzug. Am Ende seines Lebens hat Rudolf Schwander sein Heimatland als Glied der größeren Gemeinschaft Europas umgedacht — wie sein lothringischer Landsmann *Robert Schuman* und sein Nachbar aus dem Münstertal *Albert Schweitzer*. Lebte er noch, gewiß sähe er die ihm einst anvertraute Stadt mit herzlicher Anteilnahme in der ihr zugefallenen Aufgabe als Vorort Europas und als Verkörperung „jener Einheit und Kontinuität geschichtlichen Lebens, die auch ungeheuerste Spannungen überwölbt und an den steten Kampf und Auf- und Abstieg der Völker erinnert."

Diesen Gedankengang läßt *Friedrich Meinecke* in die Worte ausklingen: [108] „Das Straßburger Münster gibt dieser Einheit den gewaltigen Mittelpunkt. Es kam uns oft vor, als sei es nicht von Menschenhänden, sondern von Ewigkeit her gebaut als Mahnung an die flüchtigen Geschlechter der Menschen, dem Ewigen mit ihrer schwachen Kraft zu dienen, und an die Deutschen insbesondere, sich dieses Münsters wert zu erweisen."

*Abb. 63:* Das Pflanzbad — Radierung von Roland Anheisser (um 1910)

# *Nachwort*

In dieser Studie wurde versucht, Straßburgs geistige Luft um die letzte Jahrhundertwende einzufangen, das Grenzlandschicksal des Elsaß zu schildern.

Nicht die ganze Fülle der Lebensäußerungen in Staat und Gemeinde und Kirche, in Wirtschaft und Gesellschaft, in Kunst und Wissenschaft konnte ausgebreitet, nur Beispiele aus Einzelgebieten für die fünf Jahrzehnte der Reichslandzeit konnten geboten werden.

Wie rühmenswert war Straßburgs Musikleben in den Konzertsälen, im Sängerhaus, im Stadttheater, wie strahlte Hans Pfitzners Wirken an der Oper („Palestrina", „Parsifal" und die anderen Wagner-Werke) und am städtischen Konservatorium über die Stadtgrenze ins Land, ins Reich aus! Wie wurden die bildenden Künste, Malerei, Intarsien, Kunstgewerbe gepflegt! Wie zügig wurden die Bildungseinrichtungen Museen, Fortbildungsschulen ausgebaut! Wie zielstrebig förderten die Stadtverwaltung, Industrie- und Handelskammer, Gewerbe und Landbau das Wirtschaftsleben durch vorbildliche Leistungen, in Ausstellungen vor Augen geführt!

Das Rathaus bot ein Hochbild kommunalen Strebens in bahnbrechenden Neuerungen des Armenpflegewesens, der Gesundheitsfürsorge, in Kliniken, Mütter- und Kinderheimen, Wohnungsreform und Arbeitsnachweis, Lebensmittelversorgung und Sport. Der Verkehr entfaltete sich zu Wasser und zu Lande: dank Rheinregulierung und Hafenanlagen, Kanal- und Straßenbau, auf Reichsbahn, Schiff und Fuhrwerk. Von der Hauptstadt pulsierte das Leben ins ganze Land hinaus. Das Elsaß war im besten Zuge, die Stadt Straßburg geistiger und wirtschaftlicher Mittelpunkt des deutschen Südwestens. Der Erste Weltkrieg mit seinen Folgen schnitt jäh diese Entwicklung ab.

## *„Erbe am Rhein"*

In einem Gedenkaufsatz vom 30. Juli 1983 zum 100. Geburtstag des Elsässers *René Schickele,* geboren am 4. August 1883 in Oberehnheim, berichtet Werner Fuld[109], der Dichter habe nach Kriegsende 1919 aus der Zeit fieberhafter Friedensarbeit über die Schützengräben hinweg eine große Idee mitgenommen: „die Einsicht, daß ein geeintes Frankreich und Deutschland die Keimzelle eines neuen Europa werden kann und werden muß, wenn nicht beide Länder aneinander untergehen sollen. Der Prüfstein dafür ist ihm das Elsaß: hier ‚schlägt das Herz Europas am unruhigsten und auch am schmerzhaftesten' ... Die Trilogie

‚Das Erbe am Rhein' ist vor allem der Roman der europäischen Idee. Das gallisch-alemannische Land zwischen Schwarzwald und Vogesen war für Schickele der gemeinsame Garten, in dem sich deutscher und französischer Geist unbehindert treffen sollte zur ‚Wiederherstellung des Reiches Karls des Großen, eines Reiches europäischer Kulturgemeinschaft'. Hier mag ‚sich einer am anderen prüfen und die gemeinsamen Werke errichten, die neuen Denkmäler Europas' ... Der Roman endet mit dem Dialog: ‚Und Sie glauben an Europa? An einen Staatenbund — ja eine Gemeinschaft Europas?' — ‚Doktor, wie an das Leben;'"

Kasimir Edschmid hat René Schickele mit einem Satz treffend gekennzeichnet: „Sein Herz trug den Geist und die Weisheit zweier Völker."[110]

*Robert Ernst — Versöhnung und Einigung*

Wer über die Jahre zwischen den beiden Weltkriegen und die Zeitspanne von 1940 bis 1944, als Deutschland ein letztes Mal Stadt und Land in Besitz nahm, Auskunft erhalten will, greife zum „Rechenschaftsbericht eines Elsässers"[111] von *Robert Ernst*, Oberbürgermeister der Stadt Straßburg in jenen vier Kriegsjahren, Generalreferent des damaligen Gauleiters Wagner. Robert Ernst schrieb seinen Bericht während zehnjähriger Haft im französischen Militärgefängnis Metz nieder. Er konnte die Anklage „Landesverräter", „Deserteur", „Kriegsverbrecher" durch Hinweis auf seine deutsche Staatsangehörigkeit und durch seine aufrechte Haltung als Offizier und Kämpfer für Volkstum und Volksrecht der elsässischen Heimat entkräften und widerlegen. Ernst's „Rechenschaftsbericht" — für sich und die Seinen, Freunde und Bekannte geschrieben — ist frei von Selbstmitleid, nach Wahrheit strebend, auch wenn sie weh tut, schonungslos „Trauerarbeit" leistend, um nützliche Einsichten zu erlangen. So ringt sich Robert Ernst zum Glauben an die Versöhnung durch, an die Erkenntnis:

„Deutschland und Frankreich können im gemeinsamen Wirken für eine europäische Zukunft dazu beitragen, daß die Elsässer und Deutsch-Lothringer endlich aus der Rolle des Prügelknaben zwischen den beiden Nationen erlöst und ihrer natürlichen Aufgabe des Vermittlers zwischen den beiden Völkern zugeführt werden.

Die zuversichtliche Erwartung dieses natürlichen Einigungswerkes, das nur durch das Zusammenwirken Deutschlands und Frankreichs erreicht werden kann, hat auch für mich, der ich in die Fehler und Irrtümer der deutsch-französischen Auseinandersetzung der letzten 50 Jahre handelnd und leidend mitverstrickt war, etwas Tröstliches; denn das Ringen der Elsässer und Deutsch-Lothringer um ihre Selbstbehauptung wird damit seine Rechtfertigung und seinen Sinn erhalten."[112]

*Hoffnungen der Gegenwart*

In seinen „Rhapsodien aus dem Elsaß" ruft uns *Joseph Reithler* den tröstlichen Vers zu:[113]

Wertlos ist nichts in deinem Leben,
auch Irren nicht und unnütz Handeln,
wenn wir nur immer weiter streben
und Leid in edles Gold verwandeln.

*Eine Brücke ist von zwei Seiten zugänglich*

Hoffnung erweckt die Stimme eines elsässischen Kulturschaffenden aus jüngster Zeit:[114] *André Weckmann*, der 1924 im Unterelsaß geborene Schriftsteller (Romane, Essays) und Lehrer an einem Straßburger Gymnasium, behandelt in einem Aufsatz „Kann man Franzose und Deutscher zugleich sein?" das elsässische Sprachproblem als ein Schulproblem. Er stellt nüchtern fest: „Die Elsässer verlieren ... ihr Sprachbewußtsein: sie wissen beide Sprachen nicht mehr auseinanderzuhalten ..., streifen den verkümmerten Dialekt ab und gleiten in die prestigegeladene Nationalsprache hinein ..." In solchem Sprachwechsel befürchtet er den Verlust des Selbstbewußtseins der elsässichen Volksgruppe, ihrer „Identität". Dem wirkt er mit gleichgesinnten Landsleuten aus dem René-Schickele-Kreis entgegen. Er bekennt: „Unsere Lage an der Nahtstelle zweier Sprachen, zweier Kulturen und zweier Länder, in denen ein Jahrhundert lang der wilde Nationalismus Hochkonjunktur hatte, ist nicht bequem. Bis jetzt brachte sie uns nur Unangenehmes, profitiert haben wir nicht davon, und die vielen ‚Brückenreden', die von Notabeln am Rhein gehalten werden und die die ‚glückliche Mittlerin Elsaß' preisen, sind nur Träumereien an elsässischen Kaminen oder ganz einfach bewußte Vorspiegelung falscher Tatsachen."

*„Wir Utopisten sind Realisten"*

Er packt den Stier bei den Hörnern und fragt beherzt: „Ist es überhaupt möglich, Franzose und Deutscher zugleich zu sein? Deutsches und französisches Patrimonium zu einem harmonischen Zweiklang zu vereinen? Ist es überhaupt möglich, in diesem zentralisierten Staat aus den Schablonen zu springen, ohne sich dabei das Genick zu brechen? Bleibt uns Gewaltlosen noch Zeit genug, um unsere Forderungen mit den friedlichen Mitteln des Dialogs und des selbstbewußten Auftretens durchzubringen? Ist die Triglossie, wie sie uns als einziger Weg in die Zukunft vorschwebt, von diesem Volk zu bewältigen? Haben wir die nötige Weisheit, die nötige Ausdauer, die nötige Motivation?

Handeln wir so, als ob wir sie hätten, als ob der Dialog mit unserer französischen Familie zu einer für beide Partner akzeptablen Lösung führte, als ob das weit gesteckte Ziel zu erreichen wäre. Wir Realisten sind Utopisten.

Der heutige Stand der elsässischen Bewußtwerdung zeugt davon, daß das mühsame, unaufhörliche Wegräumen von Hindernissen aller Art, von politischen, pädagogischen, psychologischen Hindernissen insbesondere, schon eine gute Portion unseres elsässischen Wegs eingeebnet hat, daß letzten Endes noch alles möglich ist und daß die Arbeit der elsässischen Militanten diesem Volk wieder eine ‚raison d'être' gegeben hat. Wir Utopisten sind Realisten."

*Das Recht auf eigene Gedanken*
*oder: Das Elsaß lebt und stirbt mit seiner Sprache*

Dem Schriftsteller *André Weckmann* tritt sein Landsmann *Joseph Reithler* zur Seite mit einführenden Worten zu den „Rhapsodien aus dem Elsaß":

„Das Elsaß, jahrelang hin und hergeworfen, hat auch das Recht, seine eigenen Gedanken zu haben, seinen eigenen Patriotismus ohne Fernsteuerung von Paris oder Berlin, besonders wenn die grundlegende Freiheit: das Recht auf Gebrauch und Pflege der Muttersprache nicht mehr gewährleistet ist, oder deutlicher gesagt in schönen Worten und Versprechen stecken bleibt.

Was unterscheidet die jüngere Generation von der älteren? Natürlich die totale Assimilation, der Verlust der Sprache. Nun aber beanspruchen die ‚Heutigen' das Recht auf Gebrauch, ohne Verdächtigung und Pflege der Mundart, der Muttersprache. Die ‚Heutigen' behaupten sogar, daß Mundart und Schriftsprache unzertrennlich sind und keine ohne die andere überleben kann. Das Elsaß lebt und stirbt mit seiner Sprache, seiner Seele!

Es gibt kein Volk, das vom Himmel fällt. Es gibt keine Zukunft ohne Vergangenheit. Es gibt keinerlei Neubeginn ohne Anknüpfen an das Gute, das die Stürme überlebt hat. Wir sind kein altes Volk. Wir sind ein neues, das erst werden will. Dazu ist Einsicht notwendig, Einsicht und Wiedergutmachung der begangenen Fehler — und dann erst mutiges Zusammenstehn aller Kräfte, der alten und der jungen!

*Joseph Reither* hat solche „Sendung" in Verse gefaßt:

„Als Gott der Schöpfer die Vogesen schuf
und auch den Schwarzwald, dass ein Tal sich bilden sollte,
da wusste Er um deinen ländlichen Beruf,
weil er ein Ackerland des Friedens wollte

mit Menschen, die im Rhein sich spiegeln
und allseits ungeteilte Botschaft bringen,
und keine Brücken mit Zwietracht verriegeln,
da alle Vögel doch die gleichen Lieder singen.

Dein Schöpfer wusste schon um deine Sendung:
es sei, dein Wesen bleibe immer klar;
denn keine Geistestat kommt zur Vollendung,
die nicht schon wesenhaft im Ursprung war."

*Abb. 64:* Das Siegel der 1872 wiedergegründeten Straßburger Universität

# ANHANG

## *Die Kaiser-Wilhelms-Universität Straßburg und ihre Tätigkeit*

Rede bei der Gedenkfeier der Reichsgründung
gehalten am 18. Januar 1922 in der Universität Halle
von Johannes Ficker

... Ein Maientag voll lichteren Sonnenglanzes als andere, voll der einzigen Blütenpracht des Gewonnenen und des Erhofften, und voll hoher und tiefer Glockenklänge — der Tag der Einweihung. In dem Augenblick, da *Anton Springer* in seiner Festrede von der Herrlichkeit des Münsters sprach, begannen alle seine Glocken den Mittag einzuläuten. Es war ein übermächtiger Eindruck.

Wie schwang und klang die große Zeit weiter fort! Eine frische, begeisterte Stimmung beseelte die junge Universität, wie sie nur aus der Gemeinsamkeit großen Erlebens und hohen Tagewerkes emporsteigt. Die Reden der ersten Rektoren lassen besonders lebendig den starken Hauch spüren, der auch dem spät erst in den Straßburger Kreis Eingetretenen bis in die letzten Tage noch sich fühlbar machte, ergreifend verkörpert in den von jener ersten Zeit fortwirkenden Männern: der Schwung warmer Begeisterung, die diese Meister strenger Forschung durchglühte, der universale Weitblick eines unbegrenzten Horizontes, die großen, klaren Ziele: Freiheit und Vertrauen zu pflegen, die Lebensluft der deutschen Hochschule, und zu Ehrfurcht und Selbstzucht zu führen, und mit dem allen die hohe Aufgabe zu erfüllen, zu der sie gerufen waren, wie es der kaiserliche Begründer in der Stiftungsurkunde ausgesprochen hat, als er diese Universität zu neuem Leben rief, der großen Überlieferung seines Hauses folgend, das die großen Zeiten seiner Geschichte, auch die schwersten, durch die Stiftung einer Hochschule geistig besiegelt hat: „daß im Dienste der Wahrheit die Wissenschaft gepflegt, die Jugend gelehrt und so der Boden bereitet werde, auf welchem mit geistiger Erkenntnis wahrhafte Gottesfurcht und Hingebung für das Gemeinwohl gedeihen". So wie es dann im hellen Widerscheine des Leitsternes alter großer Zeit über der Universität leuchtete: Litteris et patriae!

Das war der Geist, der der Arbeit an dieser Stätte den höchsten Ernst, die feierlich-festliche Würde und die strenge, restlose Anspannung aller Kräfte gab, der sich auch den Studierenden mitteilte: Straßburg ist von allem Anfange an Universität der Arbeit im besonderen Maße gewesen und geblieben; Zeugnis davon gibt die Zahl der mehr als 3500 Dissertationen, noch mehr ihr wissenschaftlicher Gehalt und das hohe Ansehen, das die Straßburger akademischen Würden in aller Welt haben. Jener Geist war es, der die Lehrenden zur inneren Gemeinschaft zusammenschloß und sie auf jene Höhe des gesamtgeistigen wissenschaftlichen Bewußtseins emportrug, auf der die Grenzen der einzelnen Fakultäten und der einzelnen Gebiete nicht Schranken, sondern Brükken werden zum gegenseitigen Austausch und zur gemeinsamen Förderung der e i n e n Wissenschaft. Aus diesem Geiste erwuchs jene große Stiftung des elsässischen Theologen *Cunitz*, die alle Fakultäten zu gemeinsamen wissenschaftlichen Aufgaben vereinigte. Es war eine Vorbereitung für die Gründung der Wissenschaftlichen Gesellschaft, der ersten gesellschaftlichen Organisierung wissenschaftlicher Gesamtarbeit am Oberrhein. . .

So vereinigten sich an der neuen Universität die Vertreter der alten französischen Akademie mit den aus weitestem Umkreise, auch aus der Schweiz, Österreich und Rußland, aus Athen und Lyon von dem bewundernswürdigen Scharfblick des *Freih. v. Roggenbach* ersehenen auserlesenen Männern deutscher Wissenschaft ohne Ansehen der Konfession und Partei, mit Zulassung auch anderer Sprachen, — des großen Stättmeisters großes Ziel war hier von dem kaiserlichen Neugründer seines Werkes zu glänzender Erfüllung geführt.

Eine Versammlung der Besten war es, allein nach der Tüchtigkeit berufen, begleitet auch in der Folge von der warm fördernden Gesinnung der obersten Leiter des Landes und gefördert von ausgezeichneten Männern, die die Universität innerhalb der Reihe ihrer Kuratoren gehabt hat. Und diese bedeutenden Lehrer der jüngsten Hochschule, die auch die Universität der Jüngsten war, trug das Bewußtsein, die Träger der neuen Epoche der Wissenschaft zu sein, Baumeister des Werkes der Zukunft und des Fortschritts. Als die deutschen Universitäten der jüngsten Schwester die lebendigen Kräfte gaben, spendeten sie auch das Beste ihrer Arbeit: ihre eigenen Errungenschaften. Gerade damals hatte sich in Deutschland die volle Abkehr vollzogen von der einseitig idealistischen und konstruktiven Wissenschaft, und die Führer des Neuen hatten soeben sich ihre ersten Stellen erobert. Die empirische Beobachtung und Forschung, die Wissenschaft der Tatsachen und der Wirklichkeit — das war die Morgengabe, welche die Wissenschaft der Straßburger Universität darbrachte. Straßburg wurde die Stätte, an der von Anfang an im gesamten Umfange und in geschlossener Einheitlichkeit, dank der höchsten Opferwilligkeit Deutschlands, der neue, der gesammelte Fortschritt zur großen Tat wurde. Deshalb erhielt der ganze Umkreis des Wissens in allen bis zuletzt selbständig gewordenen Einzelgebieten seine reiche, vollständige Besetzung und Ausstattung. Straßburg trat damit von Anfang an neben die ersten deutschen Universitäten und ging ihnen mit Neu- und Ersteinrichtungen noch voraus. Deshalb konnte man auch mit frohem Wagemut, noch ehe man mit der eigentlichen Tätigkeit begann, sogleich bei der Organisierung der Arbeit grundlegend neue Formen schaffen: man entnahm die Staatswissenschaften dem alten Lehrgefüge und ordnete sie der juristischen Fakultät zu, und man schloß die naturwissenschaftlichen Fächer zu einer selbständigen Gemeinschaft zusammen. Und darum wurde auch den Vorlesungen von Anfang an gleichgeordnet, vielfach bald sie hinter sich lassend, die Arbeit in Übungen, in Seminarien und Instituten, grundsätzlich von allen Wissenschaften durchgeführt und, vielfach, auch im Auslande bewundert, im ganzen Umfange ausgebaut. Der forschende Drang zur Wirklichkeit führte auch hinaus über die geschlossenen Arbeitsstätten: die wissenschaftlichen Ausflüge wurden bald ein unentbehrliches Mittel der Beobachtung und des Unterrichts: für die Geographen, die Germanisten und Historiker, für die Archäologen und Kunsthistoriker, für die Theologen und Naturforscher. Eben in dieser, hier zum ersten Male vollständig durchgeführten Methode und an diesen Stätten bildete sich die eindringende wissenschaftliche Arbeit heraus, nicht der Schule, sondern der Hochschule, hier knüpften sich die Bande der Gemeinsamkeit oft fürs Leben, hier wurden die festen Grundlagen geschaffen für die wissenschaftliche Fortarbeit und für eine Fernwirkung in unübersehbarem Umkreis und in unberechenbare Zeit.

Nächst der Berufung der besten Kräfte war es darum der beste Teil der großartigen Stiftung des Reiches an Elsaß-Lothringen und Straßburg, daß die Mittel für die glänzende Ausstattung der Seminare und für die Errichtung medizinischer und naturwissenschaftlicher Anstalten großen Stiles freigebig gewährt wurden ...

Ein ganz ungewöhnlicher Reichtum bedeutender Männer, groß als Forscher, von starkem Eindruck als Lehrer, unter ihnen Männer, die als Führer der Nation und als die Größten ihrer Wissenschaft angesehen wurden, eine wahre Auslese auch von Männern, die als Persönlichkeiten von stärkster Wirkung waren. Und eine ungewöhnliche Fülle der sich voll entfaltenden Wissenschaft: der alten Zweige und der zu selbständigem Leben erstarkten neuen, die hier, einzelne zum ersten Male, andere nur noch an den ersten Universitäten und wieder andere in neuer, freier und organischer Neubildung sich entwickeln konnten. Schon nach zwei Jahren hatte die philosophische und die medizinische Fakultät je 11 Seminare; später hatte die Geschichte allein 4, die Kunstgeschichte 5 (mit dem der katholischen Fakultät); für die Erdforschung bestanden — was damals nur Straßburg hatte — gleich in den ersten Jahren 3 Institute: das geologische, petrographische und mineralogische. Die Seminare und Institute ließen aber auch mit der Zweckmäßigkeit und dem Reichtum ihrer Ausstattung, mit ihrer Weiträumigkeit und ihrer schönen, ruhigen Lage, mit ihren für Dozenten, Assistenten und Studenten gleichermaßen mustergültigen Arbeitsstätten, ein jedes einzelne mit bedeutender Bibliothek, in den ersten Jahrzehnten selbst die größten deutschen Universitäten hinter sich. Man wird freilich den Reichtum dieser Anstalten nicht bloß nach den gewährten offiziellen Mitteln abschätzen können. Eine ganze Reihe von ihnen hat durch große Zuwendungen, die sie von den leitenden Professoren, deren Freunden und Schülern erhielt, ihre großartige Vervollständigung erhalten. Welche hohen Werte sind allein damit dem Lande geschenkt worden!

Allgemein bekannt und bewundert war, um nur einzelnes herauszugreifen, der Bücherreichtum der philologischen und der historischen Seminare, berühmt wegen ihrer Reichhaltigkeit und ihrer musterhaften Anordnung die einen ganzen Flügel im Oberstock des Kollegiengebäudes einnehmende Archäologische Sammlung, die wie auch die Ägyptologische eine erhebliche Anzahl von Originalen vereinigte. Die Bibliothek des Archäologischen Instituts war durch die Schenkung der Büchersammlung ihres ehemaligen Leiters Michaelis die erste archäologische Deutschlands geworden. Das Straßburger Institut für Kunstgeschichte war das älteste wissenschaftlich geordnete an deutschen Hochschulen, und das für altchristliche Archäologie das zweite, das geschaffen wurde: die musikgeschichtliche Seminarbibliothek die reichste existierende. Auch in der Errichtung eines eigenen Insituts für Altertumswissenschaft ging Straßburg voran. Das mathematische Seminar und das chemische Institut galten weithin als Muster-Unterrichtsanstalten. Die geologischen und mineralogischen Sammlungen standen in Deutschland in allererster Reihe, und die geologische Bibliothek war wohl die vollständigste in Deutschland. Die zoologische, die, wie die geologische, die alten städtischen Bestände aus dem großen Naturalienkabinett des bedeutenden Straßburger Naturforschers und Mediziners Hermann übernommen hatte, war zu einem der bedeutendsten deutschen Museen ausgebaut worden und hat auch in ihren technischen Einrichtungen vorbildlich gewirkt. In der Sternwarte besaß die Universität ein Institut ersten Ranges, das Muster für fast alle später gebauten, die größte und beste, die Deutschland bis zur Erbauung der Berliner hatte: ihre Bibliothek gehörte zu den besten der Erde. Auch die medizinischen Anstalten standen ehedem allen voran. Straßburg hat das erste selbständige Institut für physiologische Chemie gehabt: das pharmakologische gehört mit zu den ersten, die errichtet wurden, und war in seiner bewunderten Einrichtung das erste. Der Bau der psychiatrischen Klinik mit der Angliederung einer offenen Anstalt für Nervenkranke, einer der frühesten derartigen, war eine Tat für jene Zeit. Das hygienische Institut, das gerade fertig war, als die Franzosen kamen, war das größte und beste in Deutschland, vielleicht in der ganzen Welt, gedacht zugleich als Gesundheitsamt, von dem alle hygienischen Bestrebungen im Lande ausgehen sollten.

Eine Anzahl von Anstalten gehörte nicht im engeren Sinne zur Universität und stand doch, von Dozenten verwaltet, mit ihr im engen Zusammenhange: die geologische Landesanstalt und die Hauptstation für Erdbebenforschung, deren Gründung vom geographischen Seminar aus veranlaßt war, wie auch von diesem die internationale Assoziation für die Erdbebenforschung mit dem Sitze in Straßburg erreicht worden war; ebenso wurde in Anknüpfung an frühere Einrichtungen eine meteorologische Landesanstalt geschaffen, die sich auch die Erforschung der Physik der Atmosphäre durch Luftfahrzeuge zur Aufgabe machte, und von der aus auch die internationale Kommission für wissenschaftliche Luftfahrt geleitet wurde. An der Spitze verschiedener nichtklinischer Anstalten standen Universitätsdozenten: die Hebammenschule, die mit Aufwendung reichster Mittel in der letzten Zeit neugebauten Abteilungen des Bürgerspitals für innere und für chirurgische Behandlung und die Röntgenstation; das Unfallkrankenhaus. Auch die reichen städtischen Museen und die mit ihnen in Verbindung stehenden Sammlungen von Altertümern sind zeitweise alle, einzelne viele Jahre hindurch von Professoren verwaltet und damit auch für den Unterricht der Universität besonders fruchtbar gemacht worden.

Mit ihren wissenschaftlichen Anstalten hat die Universität einen großen Teil ihrer Wirkung geübt. Sie sind vorbildlich geworden. Schmieden des Geistes, in denen unablässig das Rüstzeug der Wissenschaft geschmiedet worden ist; Pflanzschulen, aus denen die besten Mitarbeiter der Wahrheit herausgewachsen sind. Straßburg gab zurück, was es einst von den deutschen und den ausländischen Hochschulen empfangen hatte. War die Universität einst als ein Symbol geschaffen worden dessen, was die Universitäten seit den Befreiungskriegen Deutschland gewesen und geworden waren, so war sie zu einer lebendigen und fruchtbaren Stätte der Arbeit geworden, ohne die deutsche Wissenschaft und deutscher Geist nicht mehr gedacht werden kann und die über die Länder und auch über die Meere ihr Werk hat wirken lassen. Um die Jahrhundertwende waren es schon über 50 ehemalige Straßburger Professoren, die an anderen deutschen Hochschulen lehrten. Die Zahl der berufenen Privatdozenten war ebenso groß. Auch eine Anzahl von Elsässern ist Berufungen nach Deutschland gefolgt. Von Anfang an hatten sich Ausländer in beträchtlicher Zahl in Straßburg eingefunden, auch aus überseeischen Ländern. Wie einst die Schule von *Jakob Sturm, Martin Bucer* und *Johannes Sturm*, so hatte ihre Nachfolgerin die Peripherie ins weiteste gezogen.

Die starke Wirkung der Straßburger Universität begreift sich geistig damit, daß hier die Auswirkung der neuen Epoche der Wissenschaft von Anfang an vollständig und geschlossen sich vollziehen konnte und daß damit, wie in jeder großen Periode der Wissenschaft deren große Grundkräfte, Universalität und Einheit, im neuen Schwunge und auch in neuer Spannung einsetzten. Das Neue zeigte sich in seiner Folgerichtigkeit in Straßburg sogleich darin, daß auch der konkreten Anschauung der Denkmäler in den geistigen Wissenschaften eine große Rolle gegeben wurde und damit zugleich einer synthetischen Betrachtung, die möglichst allseitig ihre Erkenntnis gewinnen will. Eben das ist in Straßburg von dem ersten Augenblicke an in den verschiedenen Wissenschaftsgebieten, ebenso denen der geistigen Kultur, wie in den naturwissenschaftlich-medizinischen klar bewußt und fest bestimmend gewesen: der in der Einheit wurzelnde und zur Einheit drängende Trieb der Universität. Auch hier, in neuer Fassung, das Erbe der ersten Hochschule Straßburgs. Mit hohem Nachdruck, von den verschiedensten Seiten her, wurde der Kampf gegen das Spezialistentum geführt; es verstärkte sich das Verlangen nach innerer Einheit, das Bedürfnis, die einzelnen Beobachtungen und Tatsachen einer höheren und innerlichen geistigen Gesamtbetrachtung einzuordnen. Nicht anders stark das Verlangen nach der Einheit und der Verbindung der Wissenschaft mit dem Leben und seinen Anforderungen, in den allgemeinen Fragen der Kultur, des Sozialismus, des Hauses und der Schule, der Kunst, auch durch Schaffung neuer Formen — sie wirksam werden zu lassen in der Universitätsarbeit und wiederum hinauszugreifen in das Volksleben, um es ebenso in den Aufgaben des äußeren Lebens geistig und künstlerisch zu durchdringen und zu erhöhen.

Nirgends hat sich das stärker bewähren können als in der Arbeit für das Land, in dem zu wirken der Universität zur besonderen Aufgabe gesetzt war. Das herrliche Land, das schönste Stück Deutschlands, mit seinem stark wechselnden Relief und geologischen Bau, mit seiner üppig reichen Flora und der besonders mannigfaltigen Fauna, mit seiner alten, überreich bewegten Geschichte, der Fülle seiner Urkunden und seiner Denkmäler, die vor dem grausamen Schicksale der pfälzischen und rheinischen verschont geblieben waren, wurde vom ersten Tage an, in warmer, begeisterter Liebe umfangen, das große schöne Tagewerk für die Universität. Die ersten Rektoren stellen es in den Mittelpunkt ihrer akademischen Festreden, und auch noch in den letzten Jahren gibt es wiederholt das Thema für die Feiern der Universität; nicht viel weniger als zweihundert Dissertationen behandeln elsässische und lothringische Stoffe, und fast in keinem Jahre fehlt das Land unter den Gegenständen der Preisaufgaben. In ungezählten frohen und fleißigen Wanderungen sind wir mit unseren Studenten, einheimischen und altdeutschen und ausländischen, durch das Land gezogen, durch Natur und Geschichte, haben oft wohl den Elsässern ihre Denkmäler erst bekannt oder verständlich und wert gemacht und uns alle in warmer Liebe zum Lande miteinander verbunden. Wie großen Anteil hat die Universität auch an der erst von den Deutschen begonnenen und auf das Sorgsamste durchgeführten Aufschließung der Vogesen! Wie ungezählte verknüpften miteinander die Sesenheimer Fahrten und Feiern! Darum begann auch, gesteigert, erweitert, die frühere Tätigkeit fortsetzend, eine neue wissenschaftliche Erschließung des Landes: auf den verschiedenen Feldern der Naturwissenschaften, in einer neuen geologischen Landesaufnahme, in landeskundlichen Forschungen über Gebirg und Gestein, über Quellen, über Pflanzen und Tiere, über den Menschen; und auf allen Gebieten des geschichtlichen Lebens, der Sprache, der Urkunden, der Denkmäler unter und über dem Boden, in Einzelarbeit, in Sammelwerken, in periodischen Veröffentlichungen, gelehrten wie für den weiteren Kreis allgemeiner Bildung bestimmten. Das Studium der Mundarten und der Literatur des Landes — welch Lebenswerk hat hierfür die treue Arbeit *Martins* getan, allein schon für das lebendige Gedächtnis Goethes! Die allgemeine Geschichte — wieviel hat allein für das Mittelalter und für die Pflege der Urkunden auch in den einzelnen Gemeinden *Wilhelm Wiegand* gearbeitet! Die Wirtschaftsgeschichte, die Kultur- und Kirchengeschichte, die Archäologie und Kunstgeschichte. In dem Ausbau einzelner neuer Gebiete wird das Elsaß führend für die gesamte wissenschaftliche Arbeit. Was bedeuten von den das ganze Land umspannenden Leistungen allein das Wörterbuch der elsässischen Mundarten und die großen Urkunden- und Denkmalwerke, ihr größtes die Inventarisation der Kunstdenkmäler! Mit Hessen-Nassau war damit das Reichsland an die Spitze der großen deutschen Denkmäleraufnahme getreten; eine Neubearbeitung war eben zuletzt noch angefangen worden. Wie ist durch diese Forschungen und Sammlungen, wie ist durch die fortgesetzten, umfassenden Grabungen der Gesichtskreis erweitert, und wie große Zusammenhänge sind erkannt worden! Gegenüber dem materiellen Charakter der Kultur des Landes und einer auf das nur Nützliche überstark gerichteten Lebensanschauung, gegenüber auch einer geschichtlichen Bildung, die erst von der französischen Revolution an über die Ereignisse und Zusammenhänge Bescheid weiß, mußten im Dienste der Wahrheit und wahrhaft geistiger Bildung die großen geistigen Werte der Geschichte im ganzen Umfange wieder heraufgerufen und geschichtlicher Sinn gebildet werden. Die großen deutschen Wirklichkeiten mußten in dem zu neun Zehntel deutschen Lande wieder zu ihrem Rechte kommen: Die der Anfänge, die Zeit Otfrieds, das Zeitalter der Staufer, in dem die maxima vis imperii nach Otto von Freisings Wort in der oberrheinischen Ebene lag; die hohe Zeit des 15. und 16. Jahrhunderts und die Auswirkung in den folgenden Zeitläufen. Und damit auch eine wirklich geschichtliche Beurteilung der eigentümlichen Geschichte des Grenzlandes: Die Herausstellung der von den verschiedensten Seiten kommenden Einschläge, von starker bodenständiger Kraft aufgenommen ...

Die Chemiker Straßburgs sahen sich regelmäßig mit den Fachgenossen von Mülhausen, Freiburg und Basel. Die Gesellschaft für elsässische Literatur, 1912 gegründet, sammelte, wie die Wissenschaftliche Gesellschaft, sogleich von Anbeginn aus dem gesamten Umkreise des Landes ihre Mitglieder zur gemeinsamen Herausgabe von literarischen Werken des Landes, und noch im letzten Jahre des Krieges schlossen sich hervorragende Vertreter des Landes, insbesondere des Bezirkstages des Unterelsaß, aus der Industrie, dem Handel und der Landwirtschaft mit einer Anzahl von Professoren zusammen, um mit Gewährung beträchtlicher Mittel eine Gesellschaft zur Förderung der wissenschaftlichen Anstalt für Auslandsstudien an der Kaiser-Wilhelms-Universität zu gründen. Und ein neues Band hatte sich zwischen Universität und Land mit der katholisch-theologischen Fakultät geknüpft. Ihr geistiger Einfluß auf die elsässischen Theologen, ihre Betätigung im öffentlichen Leben, ihre religiöse und apologetische Tätigkeit, die Pflege des kirchlichen Lebens, die den von ihr reich ausgestatteten akademischen Got-

*Abb. 65:* Ernst Stadler (1914)

*Abb. 66:* Martin Spahn

*Abb. 67:* René Schickele

*Abb. 68:* Eduard Reinacher

*Abb. 69:* Albert Schweitzer (1905)

*Abb. 70:* Theodor Nöldeke

*Abb. 71:* Georg Friedrich Knapp

*Abb. 72:* Georg Wolfram

*Abb. 73:* Lujo Brentano

*Abb. 74:* Elly (Heuss-) Knapp (rechts) mit Lujo Brentano mit Frau und Tochter sowie Friedrich Naumann (von links) Photo von 1903

*Abb. 75:* Hans Pfitzner

*Abb. 76:* Alfred Hoche

*Abb. 77:* Johannes Ficker

*Abb. 78:* Georg Dehio

*Abb. 79:* Die Universitäts- und Landesbibliothek Photo um 1897

*Abb. 80:* Das Allgemeine Kollegiengebäude der Universität Photo um 1897

*Abb. 81:* Universität, Lichthof im Allgemeinen Kollegiengebäude Photo um 1897

*Abb. 82:* Bürgerspital (Medizinische Klinik) Photo um 1897

*Abb. 83:* Ablösung der Hauptwache auf dem Kleberplatz Photo von 1908

*Abb. 84:* Blick auf das winterliche Straßburg — Photo um 1910

tesdienst im Münster zum besuchtesten katholischen erhob, die regste Anteilnahme an der Vereinstätigkeit schuf ihr bald eine erhebliche Wirkung auf weitere Kreise. Das Verhältnis auch der katholischen Bevölkerung zur Universität begann ein festeres, persönlicheres und vertrauensvolleres zu werden. Wohl schlugen bald stärker die Wellen der nationalistischen Propaganda auch an die Universität heran, und die chauvinistische Bourgeoisie tat sich auch in ihr selber kund; andererseits wurde im Gegensatz hierzu und im Gegensatz gegen alles Zwittertum den Deutschgerichteten gerade an der Stätte wissenschaftlicher Arbeit und höchster Bildung, der Bildung des Charakters, das Bewußtsein ihrer deutschen Art und der Wert der deutschen Bildung in weiterem Umkreise klar. Unbeirrt hat die Universität von Anfang an, je länger in desto weiterem Umfange vom Vertrauen und hoher Schätzung im Lande umgeben, in der Mitarbeit mit den Besten, in Achtung vor jeder charaktervollen, ehrlichen Überzeugung, ihr Werk getan, so wie es ihr einst der alte Kaiser in dem Wunsche ans Herz gelegt hatte: „zum Segen des Landes zu wachsen, im Dienste der Wissenschaft zu wirken und zur Versöhnung der Gemüter beizutragen..."

# *Belege und Erläuterungen*

Die Seitenangaben der Anmerkungen beziehen sich auf den vollständigen Text der Ausgabe von 1922, nicht auf die hier vorgelegten Auszüge

## Häufiger angeführte Schriften

*Anrich,* Deutsche und französische Kultur im Elsaß in geschichtlicher Beleuchtung. Universitätsrede, 1916.

*Berger-Levrault,* Annales des professeurs des académies et universités alsaciennes 1523—1871, 1892.

*Hausmann,* Die Kaiser-Wilhelms-Universität Straßburg. Ihre Entwicklung und ihre Bauten. Mit Benutzung amtlicher Quellen bearbeitet. 1897.

*Hoseus,* Die Kaiser-Wilhelms-Universität zu Straßburg, ihr Recht und ihre Verwaltung, 1897.

Katalog der Elsaß-Lothringischen Abteilung der kaiserl. Universitäts- und Landesbibliothek Straßburg, 1908—11.

*Liard,* L'enseignement supérieur en France 1789—1893, 2 Bde., 1889, 1894.

*Schricker,* Zur Geschichte der Universität Straßburg, 1872.

*Varrentrapp,* Die Straßburger Universität in der Zeit der französischen Revolution, Zeitschr. für die Geschichte des Oberrheins, N.F.13, 1898, 448ff.

*Wieger,* Geschichte der Medizin und ihrer Lehranstalten in Straßburg vom Jahre 1497 bis zum Jahre 1892, 1885.

*Zu S.2:* 1. „Das soll eine ganze löbliche Bürgerschaft wissen, daß dieser fürnehmen Stadt Ruhm viel mehr durch die Universität und Schule, durch gelehrte Leute in allen Enden der Welt ausgebreitet worden, als durch diesen künstlichen Thurn, ansehnliches

Zeughaus, starke Festungen oder andere dergleichen Dinge, die die Augen füllen", Professor Dr. Johannes Schmidt in der „Schulpredigt", 1642 im Straßburger Münster gehalten. — Jakob Sturms großes Programm , s. J. Ficker, Anfänge der akademischen Studien in Straßburg, 1892, 18 und Anm. — Die Medaille auf das erste Jahrhundert der Hohen Schule mit der Inschrift: Deo Caesari Patriae, abgeb. Engel und Lehr, Numismatique de l'Alsace, 1887, pl. 40,6; Nr. 631, und Laverrenz, Die Medaillen und Gedächtniszeichen der deutschen Hochschulen, Teil II, 1887, Taf. XLI, 161.

2. Die Siegel der Hochschule und der Fakultäten bei Schricker, 29 und Tafel. Vollständiger Berger-Levrault, Taf. zu CXCIL. Nr. 1. ist wohl eine späte Erneuerung der ursprünglich ältesten Form. Das Siegel der Hochschule ist von 1567 an, in verschiedenen Umzeichnungen, aber im ganzen unverändert, 1872 ausdrücklich erneuert, bis zum letzten Ende erhalten. Es war am 16. März 1567 beschlossen worden (s. Erichson, Der Alten Straßburger Hochschule Erstes Jahrhundertfest, 1897, 8, Anm. 2) und ersetzte das bis dahin für die Schule gebrauchte mit dem Buche (s. J. Ficker a. a. O., 52). Die Siegel der Fakultäten sind bei der Erhebung der Hohen Schule zur Universität entstanden. Auch sie haben die Zeit der Fremdherrschaft, ebenso die Annexion durch Frankreich als die französische Revolution überdauert. Das Siegelbild, das der Straßburger Kirchenkonvent verwendete (bei Berger-Levrault CCXLII), die Kreuzigung, ist offenbar das Gegenstück zu dem Siegelsymbol der Akademie.

3. Nachrichten über die Frequenz der alten Schule gibt Engel, L'école latine et l'ancienne académie de Strasbourg, 1900, 217 f. Berger-Levrault, XX f. Für die Zeit von 1621—1790 s. (Knod, Die alten Matrikeln der Universität Straßburg, 1897 ff.) Hausmann 1 ff. Die Universität war selbst während des 30jährigen Krieges verhältnismäßig überraschend gut besucht, erreichte bis etwa 1670 fast die alte Höhe wieder, ging aber unmittelbar vor der französischen Annektierung und danach mehr als ein Menschenalter hindurch überaus zurück. Von etwa 1715 an stieg die Zahl wieder erheblich bis etwa 1770, nahm von da an ab, was zeitlich mit dem stärkeren Vordringen des französischen Einflusses zusammenfällt, und erlosch während der französischen Revolution so gut wie völlig. Einzelne Zahlen (auch über die Adligen und über den Anteil der europäischen Länder an der internationalen Studentenschaft Straßburgs) s. Schricker, a. a. O. 51 ff., Varrentrapp, a. a. O., 472. 476 ff. Über die Mediziner s. Wieger, 70 ff.

4. Über die Universität im 18. Jahrhundert s. die Schilderung bei Wackernagel, Geschichte des Elsasses, 1919, 326 ff.

*Zu S. 3:* 5. Goethes Worte: „Darauf erwiderte er (Salzmann) mir, daß es sich in Straßburg nicht etwa wie auf deutschen Akademien verhalte, wo man wohl Juristen im weiten und gelehrten Sinne zu bilden suche. Hier sei alles, dem Verhältnis gegen Frankreich gemäß, eigentlich auf das Praktische gerichtet und nach dem Sinne der Franzosen eingeleitet, welche gern bei dem Gegebenen verharren." Goethe in Dichtung und Wahrheit, 2. Teil, 9. Buch. „So waren wir denn an der Grenze von Frankreich alles französischen Wesens auf einmal bar und ledig." Goethe, ebenda, 3. Teil, 11. Buch.

6. Für die Stellung, die die Universität behauptete, sei verwiesen auf die dem königlichen Prätor 1769 von der Universität gegebene Antwort: „daß gedachte Universitas sowohl in Ansehung ihrer eigenen Verfassung als auch sonderlich in Absicht auf andere berühmte Universitäten in Deutschland als eine teutsche und protestantische muß angesehen werden. Weßwegen dann auch die hiesige protestantische Universtität mit den französischen Universitäten in keiner Gemeinschaft, oder wie man es zu nennen pflegt, Confraternitet steht; es auch ferner als ein großes politisches Versehen und eine der Zierde und dem bisherigen Ruhm der hiesigen Universität, wie auch dem bono publico höchst nachtheilige Sache anzusehen wäre, wann ... die bishero beachtete Methode zu lehren ...

nach und nach sollte verändert und nach dem Geschmack der französischen Universität sollte eingerichtet werden." (Schricker, a. a. O. 44; Anrich, a. a. O. 32, 11).

*Koch*, der Staatsrechtslehrer, fordert in seiner Denkschrift von 1782: Avantages du local de Strasbourg pour l'éducation (s. Lindenlaub, L'Université de Strasbourg in Société pour l'étude des questions d'enseignement supérieur, Etudes de 1879, 433 ff.) Lehrfreiheit für jeden Professor „de manière que cela se pratique aux plus célèbres Univerités d'Allemagne."

*Hermann*, der Mediziner und Naturforscher, wendet sich in seiner Antwort an Vicq d'Azyr (1791) gegen den in Paris beschlossenen neuen medizinischen Studienplan, gegen die Ausschaltung humanistischer und naturwissenschaftlicher Vorbildung, und spricht die Hoffnung aus, daß man Straßburg eine Universität nach deutschem Muster lassen werde (Wieger, 121). Anderes s. bei Varrentrapp, 460, Anm.

Am eingehendsten hat *Haffner* (Professor der Theologie in Straßburg) in seinem Buche De léducation littéraire ou essai sur l'organisation d'un établissement pour les hautes sciences, 1792, in dem er sich mit den in Paris entworfenen Reformplänen auseinandersetzt, die Notwendigkeit der Straßburger Universität mit fortwährendem Hinweise auf ihren deutschen Charakter und auf die deutschen Universitäten dargelegt (s. Varrentrapp, 453, 461 f.) ...

11. *Einzelne Fakultäten.* Über die *theologische Fakultät* s. Lichtenberger, La faculté de théologie de Strasbourg, Revue chrétienne, 22, 1875, 1 ff. Für die frühere Zeit und die Anfänge französischer Vorlesungen, s. Anrich, 1. c. 42. Die Zeit um 1850 kennzeichnet G. Mathis (Aus dem Wingolf. Eine Blüthenlese. 1875, 474): „In diesem wüsten Treiben" (innerhalb der anderen französisch gewordenen Facultäten, eine „mehr oder minder gelungene Copie des Pariser ‚Quartier latin' zu schaffen") bildete die theologische Facultät eine Insel, von der allerdings die Wellen von Jahr zu Jahr ein Stück ableckten. Schon wurde die Hälfte der Collegien in französischer Sprache gelesen, schon zogen Professoren und zahlreiche Studenten aus dem Innern Frankreichs herbei ... Aber noch war der Kern deutsch, und der Schwerpunkt der Wissenschaftlichkeit auf deutscher Seite." Später mußten die Vorlesungen an der Fakultät alle französisch gehalten werden; am Seminar die Pflichtvorlesungen, nur die anderen waren deutsch (Anrich, 1. c. 1842). Colani, Chargé des cours de littérature francaise 1861 am Seminar, 1864 Professor an der Fakultät, Lichtenberger, Professor an Seminar und Fakultät, 1864, A. Sabatier, Chargé du cours de dogme réformé an der Fakultät 1768. Über Eduard Reuß und sein „Wir reden deutsch!", Joh. Wilh. Baum und beider Kreis s. die Verweise bei Anrich, 1. c. 46. „Noch erinnere ich mich, wie im Jahre 1868 der würdige Theologe Reuß in Straßburg meinem Vater sagte, es ist Zeit, daß wir Elsässer wieder in das deutsche Vaterland zurückkehren", v. Weizsäcker in der Deutschen Revue 15, 4, 1920, S. 201. Baums Erbe, sein wissenschaftliches und sein deutsches („Deutsch bin ich, deutsch war ich, dafür hab ich vierzig Jahre lang gelitten und gestritten") bewahrte treu seine Frau und Biographin Mathilde geb. Böckel, zu ihrer Zeit die bedeutendste Frau des Elsaß. — Hervorgehoben seien neben der besonderen Pflege der Bibel- und der geschichtlichen Wissenschaft und dem großen Werke Baums für die Sammlung der reformatorischen Urkunden des Elsaß auch die Vorlesungen über kirchliche Archäologie; Reuß hatte auch schon früh mit dem seminaristischen Betriebe begonnen (in seiner Theologischen Gesellschaft). Eine allgemeine Wirkung auf die Kirche und die Theologie im Lande konnte die Fakultät nicht gewinnen, weil sie ausschließlich nur eine theologische Richtung vertrat. Dafür ist das Verhalten im Straßburger Wingolf, der Argentina, bezeichnend, s. Mathis, 1. c. 487, 491.

Die *juristische Fakultät* wird von Spach (1. c. 274 f.) charakterisiert: „Die Rechtsfakultät ist wohl der Zweig der Akademie, der am wenigsten Blätter und Blüten gebracht.

— Auf jeden Fall war für alle Professoren der Rechtsfakultät die geringe Zahl der Schüler entmutigend." Von der *medizinischen* sagt Wieger (1. c. im Vorwort): „Großes, ich darf es eingestehen, hat die medizinische Fakultät nicht geleistet; sie kann keine Sterne erster Größe unter ihren Professoren aufweisen, obwohl sie vortreffliche Lehrer gehabt hat." S. 150: „Als Coze die Fakultät 1857 „ganz plötzlich verließ, war sie mit vielem versehen, wie es einer bescheidenen Provinzial-Fakultät in unserem Lande ziemte, wo großartiges nur in der Hauptstadt zu suchen war". S. 138 zu dem neuen Fakultätsgebäude, das 1867 eingeweiht wurde: „von diesem Gebäude sagt eine quasi offizielle Schrift: Aujourd'hui qu'il est terminé, on regrette son exiguité." Im Landesausschuß 1877 (Verhandlungen des Landesausschusses von Elsaß-Lothringen 1877, S. 185) erklärte Baron Zorn von Bulach: „es ist bekannt genug, daß die hiesige medizinische Fakultät vor dem Kriege sich in einem wahrhaft traurigen Zustande befand"...

Zu S. 6: 16, *Bibliothek.* Über den Untergang der alten Straßburger Bibliothek s. zuletzt v. Borries im Jahrbuch für Geschichte, Sprache und Literatur Elsaß-Lothringens 16, 1900, 305 ff.; hier ist auch auf einen Fehler der Generalstabskarte hingewiesen, der vielleicht nicht ohne Einfluß auf das Schicksal der Bibliothek gewesen ist. Die Bestände des Stadtarchivs sind ganz unversehrt geblieben, weil die Akten vom Stadtarchivar Brucker im Keller geborgen worden waren (s. 335 Anm.). — Bei der Feier der Neugründung der Bibliothek und des Goethegedächtnistages, bei der Ludwig Spach die Rede hielt, am 9. August 1871, waren schon 120 000 Bände infolge des Aufrufes von Karl August Barack wieder zusammengebracht, 1872 200 000, 1882 525 000. In 10 Jahren waren 440 000 Bände ausgeliehen worden (1/3 im Lande — 1/10 außerhalb Straßburg — 2/3 an die Universität). 1916 hatte die Bibliothek (Jahrbuch der deutschen Bibliotheken 13, 1916) 1 060 527 Bände und 13 687 Handschriften (einschl. der Papyri, Ostraka und babylonischen Tontafeln). Mit den Bücherstiftungen aus ganz Deutschland (die Königsberger Universitätsbibliothek überließ allein 15 000 Dubletten), die auch einen Reichtum an kostbaren ältesten Druckwerken enthielten, wetteiferten europäische Länder: Belgien, Griechenland, Italien, Österreich, Schweiz, besonders England: verschiedene Ministerien schenkten Veröffentlichungen, die Universität Oxford eine vollständige Serie der Veröffentlichungen der Clarendon Press, schön gebunden, mit dem Wappen der Universität; noch 1872 waren auch aus Nord- und Südamerika, aus Indien und China Geschenke dargebracht worden. Von geschlossenen Sammlungen wurden erworben (oder geschenkt) u. a. die der Alsatica Heitz, die Bibliotheken (Theologie) Baum, Cunitz, Reuß, Ch. Schmidt; (Jura) v. Vangerow; (Medizin) Kußmaul, Textor; (Geschichte) Böcking, Block; (Sprachwissenschaften) Goldstücker, Mencke, Roediger; (Physik und Chemie) Poggendorf; auch Werke aus dem Nachlasse von Uhland und Kollektaneen Wolfgang Menzels; 1903/4 der wissenschaftliche und künstlerische Nachlaß des Grafen Gobineau. Im handschriftlichen Besitze steht obenan das große Sammelwerk zur elsässischen Reformationsgeschichte, der Thesaurus Baumianus, Baums Werk und seine und seiner Frau Stiftung.

*Zu S. 11. 12. Universität und Landesausschuß.* 27. Baumgarten schreibt 1887 an Treitschke, daß keine deutsche Einrichtung sich einer solchen Anerkennung von seiten der Elsässer erfreue wie die Universität; begeisterte Freunde habe die deutsche Hochschule in den Verhandlungen des Landesausschusses gefunden; und an v. Sybel: „Wir heben uns hier, da wir das französische Relief haben, besonders die Universität ist merkwürdig gut im Lande angeschrieben" (mitgeteilt von Wentzcke in der Historischen Zeitschrift 125, 1922, 42). Man vergleiche hiermit die Verhandlungen des Landesausschusses von Elsaß-Lothringen 1877, S. 183, Klein: „Unsere Universität ist unser Stolz und unsere Freude. Unsere Universität und unsere Bibliothek sind uns ein Ruhm ohne Grenzen." Ähnlich Goguel und Dr. Duclout (ebenda S. 184). Schneegans (S. 187): „Bis zum Anfange dieses Jahrhunderts zählte Straßburg zu den berühmtesten Universitäten. Wir sind berufen, diese alten Traditionen .. wieder ins Leben zu rufen." (S. 189): ... „wir haben hier die hervorragendsten Männer der Wissenschaft; die Anstalten in Frankreich dagegen ... werden ... niemals einen Aufschwung nehmen, weil sie unvollständig und nach einem zu kleinen Maßstabe angelegt sind."

*Zu S. 29: 85. Die evangelisch-theologische Fakultät* hatte den Mittelpunkt ihrer Verbindung mit der Kirche in der regelmäßigen Teilnahme an den alle Geistlichen des Landes alljährlich vereinigenden Pfarrkonferenzen. Eine besondere wichtige Aufgabe wuchs der Fakultät mit dem St. Thomasstifte zu, der Grundlage und dem Zentrum des elsässischen Protestantismus; hier ist unter W. Nowacks Leitung eine völlige Reorganisation des Kapitels und der zugehörigen Stiftungen: des Studienstiftes und des Protestantischen Gymnasiums, auch die Renovierung der gefährdeten Thomaskirche, des nächst dem Münster bedeutendsten Straßburger Baues, durchgeführt worden. Der weithin vorbildlich gewordene liturgische und musikalische Ausbau der akademischen Gottesdienste wurde von Spitta sogleich nach seiner Berufung begonnen (1887). Das neue evangelische Gesangbuch für Elsaß-Lothringen erschien 1899, seine künstlerischen Ausgaben 1902; 1910; das Kirchenbuch für evangelische Gemeinden 1908. 1897 hatte innerhalb der Fakultät der Anteil an den Kirchbauten und an der künstlerischen Ausgestaltung der Kirchen begonnen und hat sich in ca. 50 Bauten verwirklicht.

Über die kirchliche Wirkung der Fakultät, zu der übrigens (wie vorher seit 1820) auch ein Professor reformierten Bekenntnisses gehörte, das Wort von Hackenschmidt, Das kirchliche Parteiwesen im Elsaß, 1897, 27: „Die Besserung der (kirchlichen Partei-) Verhältnisse ist ... zu verdanken der theologischen Fakultät und dem Bestreben der Professoren, die Studierenden nicht bloß wissenschaftlich auszustatten, sondern auch religiös auf sie einzuwirken."

*Zu S. 28: 35. Aus studentischen Verbindungen* sei hierfür angeführt die Gründung der „Wartburgia" 1888 (s. Ernst, Geschichte der Landsmannschaft Wartburgia in Straßburg, 1913, S. 6) aus nationalen Gründen. — In der alten elsässischen Verbindung „Wilhelmitana" wurden an ihrem 50jährigen Stiftungsfeste 1905 die Worte gesprochen: „Ihr Alten, die ihr das alte Vaterland so lieb gehabt, ihr werdet's den Jungen nicht verargen, daß sie, die aus deutschem Geist wiedergeboren sind, nicht nur die Formen des deutschen Burschentums annahmen, sondern um der Wahrhaftigkeit willen auch von ganzem Herzen sich dem deutschen Vaterlande verschrieben. Um der Wahrhaftigkeit willen!" So der Elsässer Pfarrer R. Will (Straßburg); Festschrift der „Wilhelmitana", 1907, 91. — Die „Argentina" (Wingolf), die schon 16 Jahre bestanden hatte, feierte als erste farbentragende Verbindung die Gründung der reichsdeutschen Universität. „Wie staunten wir, als wir damals hörten, daß auch hier in Straßburg bereits deutsches Studentenleben grüne und blühe!", sagte der Rektor de Bary 1873 im Rückblicke darauf; Festschrift zum 50-jährigen Jubiläum der christlichen Studentenverbindung Argentina zu Straßburg i. E., 1907, 105, und ebenda 52 Eb. Stricker: „wenn auch zu Zeiten die Argentina an elsässischem Partikularismus wieder erkrankte, an deutschem Wesen ist sie allemal genesen; ... sie ist die Pflanzschule deutscher Männer und Familien geworden." — Die „Geschichte des Akademisch-theologischen Vereins Kollegium in Straßburg", 1913, schließt (S. 118): „Diese Opfer sind dem hohen Zwecke gebracht worden, Elsaß-Lothringen und seine Kirche dem großen deutschen Vaterlande näher zu bringen, von dem es ja ‚trotz allem' immer gelebt hat in seinem innersten Wesen; dem Zwecke, Wunden zu heilen und zur Versöhnung beizutragen."

*Zu S. 30: 40. Das Urteil des Landes über die Universität*, s. Schneegans, Was d' Steckelburjer vun d'r „Université" saaue, 1897, S 27 f.: — „was der Bevölkerung imponiert, das ist die gewissenhafte Arbeit des Lehrers in der Schule, der fürsorgliche Rat des Arztes — ich kann hinzufügen, die gerechte Handhabung der Justiz und Ordnung in der Verwaltung, daß mien Ihr doch saue, daß deß besser isch wie z'r franzesche Zitt. — — Die Geistlichkeit ist von jeher in unserm Land vortrefflich g'sin. — — Und ist das alles nicht in letzter Linie ihr (der Universität) Verdienst? Die Arbeit der Wissenschaft ist selbstlos. Und wenn sie, erhaben über das Parteigetriebe und frei von der Beeinflussung durch die Tagespolitik, nur ihrer hohen Aufgabe der Erforschung der Wahrheit nachgeht, und wenn sie dieses Streben nach Wahrheit und sachlicher Objektivität, die von jeher ein besonderes Verdienst der deutschen Wissenschaft war, der jungen Generation einpflanzt, dann hat sie meines Erachtens ihre Pflicht getan."

## Straßburger Universitätsreden, die das Elsaß behandeln

1872 Anton Springer in der Rede zur Einweihung der Universität.
1872 de Bary, Geschichte der Naturbeschreibung im Elsaß.
1874 Schmoller, Straßburgs Blüte und die volkswirtschaftliche Revolution im XIII. Jahrh.
1875 Schmoller, Straßburg zur Zeit der Zunftkämpfe und die Zeit seiner Verfassung und Verwaltung im XV. Jahrhundert.
1876 Baumgarten, Jacob Sturm.
1879 Lücke, Die Entwicklung des Hospitalwesens.
1882 Michaelis, Rückblick auf das erste Jahrzehnt der Universität.
1885 Heitz, Zur Geschichte der alten Straßburger Universität.
1887 Zoepffel, Johannes Sturm.
1905 Lobstein, Zur Feier des 200jährigen Todestags von Ph. Jakob Spener.
1909 J. Ficker, Altchristliche Denkmäler und Anfänge des Christentums im Rheingebiet.
1912 Bäumker, Der Anteil des Elsaß an den geistigen Bewegungen des Mittelalters.
1912 J. Ficker, Die Anfänge der akademischen Studien in Straßburg.
1916 Anrich, Deutsche und französische Kultur im Elsaß.

Beigegeben sind die Siegel der Hochschule, S. 33 das alte der Straßburger Hohen Schule (nach Schricker a. a. O. Tafel) und hier am Schlusse in der Zeichnung Joseph Sattlers (im Ostergruß der Kaiser-Wilhelms-Universität an ihre Studenten im Felde, 1917) die neue Form, in der das alte Siegel das der neugegründeten geworden ist, gemäß der Stiftungsurkunde des Kaisers Wilhelm: Wir verordnen endlich, daß die Universität Straßburg das Siegel der alten Universität Straßburg führe, wie es ihr von dem ersten Begründer der Hochschule verliehen worden ist, mit der Umschrift Sigillum academiae Argentinae.

*Auszugsweiser Abdruck aus:*

Die Kaiser-Wilhelms-Universität Straßburg und ihre Tätigkeit. Rede bei der Gedenkfeier der Reichsgründung, gehalten am 18. Januar 1922 von Johannes Ficker. Herausgegeben zur Halbjahrhundertfeier der Neuerrichtung der Universität Straßburg. Halle/Saale 1922 (= Hallische Universitätsreden 17).

Nachdruck mit freundlicher Genehmigung von Frau Felicitas Medicus, Wiesbaden

# *Verzeichnis der Abbildungen*

(Angaben über die Eigentumsrechte und die Vorlagen des Bildteils im Abbildungsnachweis am Ende dieses Kapitels)

Die Ansicht auf dem Vorsatzpapier zeigt *„Straßburg aus der Vogelschau"* und stammt vermutlich aus der „Illustrirten Zeitung" (Jahrgang 1861)

Abbildungsnachweis:

Album d'Estrennes (Straßburg, G. Fischbach, 1897): 11—22, 52, 53; Kunstverlag L.A. von Hase (Bünde): 1—3, 5, 8—10, 31—34, 36—41, 63 (aus: „Das deutsche Elsaß" von Roland Anheisser); S. Hausmann: „Die Kaiser-Wilhelms-Universität Straßburg. Ihre Entwicklung und ihre Bauten" (Straßburg, 1897): 79—82; Dr. Max Rehm (Nürtingen): 7; Dr.-Ing. Gerhard Reinacher (Hanau): 68; Erwin von Steinbach-Stiftung (Frankfurt a.M.): 6, 23—30, 42—50, 64, 70—76, 83—87; Freies Deutsches Hochstift (Frankfurt a. M.): 69; Schiller-Nationalmuseum (Marbach a. N.): 65, 67; Antiquariat Dietrich Pfaehler (Bad Neustadt a. d. Saale): Vorsatz; Privatbesitz: 35, 54, 56, 58—62, 77, 78

Autor und Verlag danken allen, die das Zustandekommen dieses Buches mit Rat und Tat gefördert haben, insbesondere Herrn Georg Dehio (Bad Bevensen), Richard Graf Dürckheim (Bachenberg), Frau Dorothea Ernst (Rimsting), Frau Luise-Anita v. Hase (Seeheim-Jugendheim), Herrn Eduard Haug (Eßlingen), Frau Dr. med. Friederike Heinrich (Wesel), Herrn Hans F. Koehler (Herford), Frau Felicitas Medicus (Wiesbaden), Hildegard Freifrau v. Münchhausen (Apelern/Brissagio), Frau v. Selasen-Selasinsky (Kamp-Bornhofen), Herrn Prof. Dr. Friedrich Schöneich (Bad Vilbel); gedankt sei auch folgenden Institutionen und ihren Mitarbeitern: Freies Deutsches Hochstift (Frankfurt a. Main), Schiller-Nationalmuseum (Marbach a. N.), Elsaß-Lothringen-Bibliothek der Erwin von Steinbach-Stiftung (Frankfurt a. M.).

*Abb. 85:* Blick durch den Goldgießen auf das Münster Ansichtskarte um 1900

*Abb. 86:* St. Thomas — Ansichtskarte um 1920

## *Anmerkungen und Quellennachweis*


1. Otto Michaelis: „Die Evangelische Kirche in Elsaß-Lothringen 1870—1918", in: „Süddeutsche Monatshefte 3/1931", Seite 199
2. Albert Schweitzer: „Aus meinem Leben und Denken", Hamburg 1949, Seite 59
   Zeitschrift für Wissenschaft, Kunst und Literatur „Universitas" 1/1960, Seite 48, 88
3. Otto Mayer: „Die Kaiser-Wilhelms-Universität Straßburg", Elsaß-Lothringische Hausbücherei, Band 3, 1922
   Johannes Ficker: „Die Kaiser-Wilhelms-Universität Straßburg und ihre Tätigkeit" (= Hallische Universitätsreden 17), Halle/Saale, 1922
4. Gustav A. Ungerer: „Die Wiedereröffnung der Straßburger Universität 1872. Ein Augenzeugenbericht von Wilhelm Deecke", in: Zeitschrift „Badische Heimat", Heft 2, 1981, Seite 169
   Otto Mayer, a. a. O. (vgl. Anm. 3), Seite 25
5. Hans Peters: „Friedrich Althoff" im Sammelwerk „Männer der deutschen Verwaltung", 1963, Seite 229 ff
   Gustav Anrich: „Die Universität Straßburg vom 16. Jahrhundert bis 1918", Studien der Erwin-Steinbach-Stiftung, Band 3, Frankfurt a. M., 1971, Seite 183 ff
   Bernhard vom Brocke: „Preußische Bildungspolitik", Herrenalber Texte der Evangelischen Akademie, Januartagung 1981: „Preußen. Legende und Wirklichkeit" und Sonderdruck des „Deutschen Verwaltungsblatts" 1/15, August 1981, Seite 727 ff
6. Lujo Brentano: „Elsässer Erinnerungen", Berlin 1918, Seite 51, 52
7. Alfred E. Hoche: „Jahresringe"
8. Marianne Fleischhack: „Helene Schweitzer", Konstanz 1968, Seite 106
9. Friedrich Meinecke: „Erinnerungen 1901—1919, Straßburg—Freiburg—Berlin", Sammelband „Erlebtes 1862—1919", Stuttgart 1964, S. 163—168
10. Gustav Anrich: a. a. O. (vgl. Anm. 5), Seite 244
11. Arnold Nöldeke: „Jugenderinnerungen aus dem deutschen Elsaß", Hamburg 1936, Seite 38 ff
12. Elly Heuss-Knapp: „Ausblick vom Münsterturm — Erlebtes aus dem Elsaß und dem Reich", Berlin 1934, Seite 16
13. Gustav Anrich: a. a. O. (vgl. Anm. 5), Sm. 5), S. 245, 246, Anm. 5 und 7 Bernhard vom Brocke: a. a. O. (vgl. Anm. 5)

14. Georg Dehio: „Das Straßburger Münster", München 1922 (1946), S. 19, 24, 28, 30, 38
15. Ernst Stadler: „Der Aufbruch und ausgewählte Gedichte", Nachwort von Heinz Rölleke (= Reclams Universalbibliothek, Bd. 8528), S. 48
16. Ludwig Dehio: „Die Kaiser-Wilhelms-Universität Straßburg" in: „Wissenschaft, Kunst und Literatur in Elsaß-Lothringen", Band III des Reichslandwerkes, Frankfurt a. Main 1934, Seite 1 ff
17. Alfred E. Hoche: „Jahresringe"
18. Elly Heuss-Knapp: a. a. O. (vgl. Anm. 12), S. 8
19. Robert Ernst: „Rechenschaftsbericht eines Elsässers", Berlin 1958[2], S. 111, 118 — 136
20. Willy Andreas: „Straßburg an der Wende vom Mittelalter zur Neuzeit". Leipzig 1940, Seite 16, 18, 24
21. Alexander Dominicus: „Straßburgs deutsche Bürgermeister Back und Schwander 1873—1918", Frankfurt a. M. 1939[2]
    Max Rehm: „Rudolf Schwander und Kurt Blaum — Wegbahner neuzeitlicher Kommunalpolitik aus dem Elsaß". Stuttgart 1974
    Adolf Goetz: „Rudolf Schwander" in: „Elsaß-Lothringen. Heimatstimmen", 1930, Februar-Heft
    Gabriel Andres: „Rudolf Schwander, Straßburgs Bürgermeister von 1906 bis 1918", Bericht in: „Les Cahiers du Bilinguisme" 3/1980 und im „Almanach St. Joseph" (Kalender 1981)
22. Georg Wolfram: „Wissenschaft, Kunst und Literatur in Elsaß-Lothringen 1871—1918", III. Band des Reichslandwerkes, 1934 Selbstverlag des Elsaß-Lothringen-Instituts an der Universität Frankfurt/Main, Einführungsworte
23. Hans Graner: „Julius Euting", in: „Lebensbilder aus Schwaben und Franken", VII, Seite 305 ff
    Gustav Anrich: a. a. O. (vgl. Anm. 5), Seite 244
24. Max Rehm: „Bildnis einer vierhundertjährigen Schule im Elsaß um die letzte Jahrhundertwende — Erinnerungen an das Protestantische Gymnasium zu Straßburg im Elsaß", 1964
    Marc Lienhard/Jakob Willer: „Straßburg und die Reformation", Kehl 1981, passim

Was mir und meinen Mitschülern das Straßburger Protestantische Gymnasium bedeutethat, das geistige Leben dieser Anstalt inmitten der geschichtsträchtigen Stadt und in der bewegten Luft des Grenzlandes, das habe ich beschrieben:

1. im Gedenkbuch 1964 „Bildnis einer vierhundertjährigen Schule im Elsaß um die letzte Jahrhundertwende" — darin enthalten die Schicksale der Anstalt in vier

Jahrhunderten, der Lehrkörper zu unserer Zeit, Geistesfrüchte dreier hervorragender Lehrerpersönlichkeiten;

2. im Aufsatz „Jugenderinnerungen an Straßburg und das Reichsland Elsaß-Lothringen (1903—1914)" in der Zeitschrift „Der Westen", 1975, Nr. 1 (Februar) — darin auch eine Liste namhafter ehemaliger Schüler;

3. im Aufsatz „Straßburgs alte Schule strahlt aus" in der Zeitschrift „Der Westen", 1977, Nr. 2 (April) — darin Briefauszüge als Zeugnisse lebenslanger Anhänglichkeit, dies Gedenkblatt gewidmet meinem Mitschüler Robert Ernst zu seinem 80. Geburtstag am 4. Februar 1977;

4. im Aufsatz „Jugenderinnerungen und Alterswünsche eines ehemaligen Straßburger Schülers" (nach einer Schulfeier des Gymnasiums „Jean Sturm" am 21. Juni 1980) in der Zeitschrift „Der Westen", 1980, Nr. 4 (August).

25. Rudolf Schwander: „Wirtschaftliche Entwicklung von Elsaß-Lothringen 1971—1918", in: „Süddeutsche Monatshefte" 3/1931, Seite 161 ff
26. Elly Heuss-Knapp: a. a. O. (vgl. Anm. 12), Seite 47, 42 ff
27. Georg Dehio: „Livland und Elsaß" (Vortrag in der Straßburger Gesellschaft für deutsche Kultur vom 18. April 1918)
Georg Dehio: „Grenzvölker — Deutsch-Balten und Elsässer — Heimatgefühl, Volksgefühl, Staatsgefühl" (Aufsatz in der „Frankfurter Zeitung" vom 22. Juli 1915), abgedruckt in: „Kleine Aufsätze und Ansprachen", 1930, Seite 38, 39, 48, 49
28. „Frankreichs Propaganda in Elsaß-Lothringen", von „X", Bern 1918, Seite 4, 18, 19
29. Wilhelm Kapp: „Das kirchlich-religiöse Elsaß und die deutsche Kulturnationalität im Spiegel der Geschichte", in: „Elsaß-Lothringen. Heimatstimmen", 1927
30. Elly Heuss-Knapp: a. a. O. (vgl. Anm. 12), Seite 54
31. Fritz Bronner: „1870/71. Elsaß-Lothringen — Zeitgenössische Stimmen für und wider die Eingliederung in das Deutsche Reich". Frankfurt a. M. 1970, 2 Bände, Seite 499
32. Wilhelm Kapp: a. a. O. (vgl. Anm. 20), Seite 1
33. Wilhelm Kapp: „Ist Elsaß-Lothringen als autonomer Bundesstaat denkbar?", Berlin 1918, Seite 3
34. Wilhelm Kapp: „Politische Hochspannung im letzten Jahrzehnt", in: „Süddeutsche Monatshefte" 3/1931, Seite 223 ff
35. Friedrich Meinecke: „Alfred Dove und der klassische Liberalismus im neuen Reiche", 1925, Seite XXI
36. Heinrich von Treitschke: „Was fordern wir von Frankreich?" (erstmals in den „Preußischen Jahrbüchern" 1870). Zitiert nach: „Aufsätze, Reden und Briefe", Band I, Meersburg und Naunhof 1929, S. 450 ff; Zitate: Seite 451, 454, 478, 487, 489

über Adolf und August Stöber s. Bronner, a. a. O. (vgl. Anm. 31), Seite 342 ff

37. Fritz Bronner: a. a. O. (vgl. Anm. 31), 1. Halbband, Seite 131, Franz Herre: „Anno 70/71. Ein Krieg, ein Reich, ein Kaiser", Köln 1970
Sebastian Haffner: „Zur Zeitgeschichte". München 1981, Seite 29, 30
38. Berthold Auerbach: „Wieder unser. Gedenkblätter zur Geschichte dieser Tage". Stuttgart 1871, Seite 54 ff, 81 ff, 162 ff
39. Ulrich von Wilamowitz-Moellendorff: „Erinnerungen 1848—1914", Leipzig 1928, Seite 111
40. Ferdinand Graf Eckbrecht von Dürckheim: „Erinnerungen alter und neuer Zeit". Stuttgart 1887
Bronner: a. a. O. (vgl. Anm. 31), S. 324 ff
41. Otto Michaelis: „Karl Hackenschmidt (1839—1915). Ein deutscher Sänger und Prophet des Elsasses". Straßburg 1916
Bronner: a. a. O. (vgl. Anm. 31), S. 362 ff
42. Gustav Anrich: a. a. O. (vgl. Anm. 5), S. 183 ff; zu Eduard Reuß s. Seite 230
Bronner: a. a. O. (vgl. Anm. 31), S. 292; zu „Eduard Reuß, Rudolf Reuss" s. Seite 292, zu „Karl Hackenschmidt" s. Seite 324 ff
43. Elly Heuss-Knapp: a. a. O. (vgl. Anm. 12), Seite 42
44. Meinecke: a. a. O. (vgl. Anm 9)
45. „Frankfurter Zeitung" vom 21. Juni 1940
46. Wilhelm Heinrich Riehl: „Elsässische Kulturstudien", herausgegeben von Müller-Blattau 1940
Bronner: „1870/71. Elsaß-Lothringen", Halbband I, Seite 68; Halbband II, Seite 426 (Anmerkung 360), Frankfurt a. M. 1970
47. Robert Gradmann: „Süddeutschland", Stuttgart 1931, Seite 125
48. Georg Wolfram: „Die völkische Eigenart Elsaß-Lothringens", Basel 1918, Seite 33, 34
49. Wilhelm Kapp: „Grenzlandtragik im Elsaß", Seite 5, Sonderdruck aus: „Elsaß-Lothringen. Heimatstimmen", Heft 4, Juni 1926
Rudolf Wackernagel: „Geschichte des Elsaß", Freiburg/Br., 1940, S. 301, 304
Wilfried Forstmann/Eduard Haug/Dietrich Pfaehler/Gabriele Thiel: „Der Fall der Reichsstadt Straßburg und seine Folgen". Bad Neustadt 1981
Eduard Haug/Dietrich Pfaehler: „Die Dreihundertjahrfeier der

Annexion der Reichsstadt Straßburg ...". Bad Neustadt, 1981
50. Peter Lahnstein: „Das Leben im Barock". Stuttgart 1974, Seite 14
51. Robert Gradmann: a. a. O. (vgl. Anm. 47), Seite 48
52. Martin Spahn: „Elsaß-Lothringen", Berlin 1919, Seite 14
Paul Schall: „Geschichte des Elsaß", Frankfurt a. M. 1978
53. Golo Mann: „Deutsche Geschichte des 19. und 20. Jahrhunderts". Frankfurt a. M. 1960, Seite 374 ff
54. Heinrich von Treitschke: a. a. O. (vgl. Anm. 36)
55. Bronner: a. a. O. (vgl. Anm. 31)
56. Bronner, a. a. O. (vgl. Anm. 31), Seite 139
57. Auerbach: a. a. O. (vgl. Anm. 38)
58. Emil Frommel: „O Straßburg, du wunderschöne Stadt. Erinnerungen eines Feldpredigers vor Straßburg im Jahre 1870". Stuttgart 1872
59. Die Äußerungen von Reichard, Baum und Weber s. Bronner, a. a. O. (vgl. Anm. 31), Seite 106, 337 ff
60. Frommel: a. a. O. (vgl. Anm. 58)
61. Otto Stoeckicht: „Die Belagerung Straßburgs im Jahr 1870. Ein Beitrag zur Problematik des Geschehens", in: „Studien der Erwin von Steinbach-Stiftung", Band 3, Frankfurt a. M. 1971, Seite 9 ff, 13, 58, 88, 110
62. Karl Christoffel: „Lerne denken mit dem Herzen" (Auszüge aus Werken Theodor Fontanes). Heidelberg 1977, Seite 288
63. Rudolf Schwander: a. a. O. (vgl. Anm 25), Seite 161 ff
64. Wilhelm Kapp: „Grenzlandtragik im Elsaß", Seite 5, 7, 8, in: „Elsaß-Lothringen. Heimatstimmen", 1926
Wilhelm Kapp: „Ist Elsaß-Lothringen als autonomer Bundesstaat denkbar?", Berlin 1918
65. Wilhelm Kapp: a. a. O. („Grenzlandtragik", vgl. Anm. 64), Seite 7
66. Wilhelm Kapp: a. a. O. (vgl. Anm. 64), Seite 9
67. Wilhelm Kapp: a. a. O. (vgl. Anm. 64), Seite 12, 13
68. René F. Allemann: „Elsaß", in: „Der Monat, eine internationale Zeitschrift", Berlin, November/Dezember 1962
69. Wilhelm Kapp: a. a. O (vgl. Anm. 64), Seite 14
70. Georg Dehio: „Vom Deutschtum der Elsässer", in: „Zeitschrift für Oberdeutschland" 12/1921 („Elsaß-Heft"); abgedruckt auch: „Kleine Aufsätze und Ansprachen", 1930, Seite 690, Vgl. auch unsere Anmerkung 37
71. Albert Schweitzer: „Aus meinem Leben und Denken", Hamburg 1949, Seite 59, 60

72. Max Rehm: „Erinnerungen an Albert Schweitzer in Heimat und Ferne", in: „Studien der Erwin von Steinbach-Stiftung", Band 4, Frankfurt a. M. 1975, Seite 179 ff
73. Robert Ernst: „Rechenschaftsbericht eines Elsässers". Berlin 1954[2], S. 40
74. „Straßburger Goethe-Vorträge" (1898). Straßburg 1899[2], Seite 47
75. Raymond Matzen: „Goethe, Friederike und Sesenheim", Kehl 1982, Seite 120
76. Georg Büchner: „Der hessische Landbote", mit einem Nachwort von U. Greiner. Stuttgart 1980 (Reclams Universal-Bibliothek, Nr. 7955)
77. Kurt v. Raumer: „Freiherr vom Stein". Münster 1961, Seite 11 ff, 21 ff, 48 ff, 90, 99
78. Meinecke: a. a. O. (vgl. Anm. 9)
79. Franz Prinz zu Sayn-Wittgenstein: „Fahrten ins Elsaß", München 1971
80. Carl J. Burckhardt: „Begegnungen", Zürich 1958, passim,
81. Nikolaus Benckiser: „Frankfurter Allgemeine Zeitung" vom 4. Juli 1975
82. Carl. J. Burckhardt: „Lucien Herr", in: „Ein Vormittag beim Buchhändler" („Reden und Aufzeichnungen", Zürich 1952, Seite 73 ff)
83. Robert Minder: „Lucien Herr", in: „Hebel und Heimatkunst, von Frankreich gesehen" (in: „Johann Peter Hebel", Tübingen 1964, Seite 67, 68, 69)
84. Ernst Stadler: a. a. O. (vgl. Anm. 15), Seite 47, 48, 77, 78
85. Ernst Stadler: a. a. O. (vgl. Anm. 15), Seite 47
86. Gedenkschrift für Hans Georg Müller-Payer, Stuttgarter Privat-Studiengesellschaft, Stuttgart 1974, S. 173
87. Joseph Reithler: „Rhapsodie aus dem Elsaß"; aus dem Zyklus „Elsässische Heimat" 1981, 1982
88. Friedrich Spieser-Hünenburg: „Tausend Brücken", Heilbronn 1972
89. Friedrich Spieser, Herausgeber der „Straßburger Monatshefte" (von 1940 ab); Erbauer der „Hünenburg" in den Nordvogesen, Schöpfer der Begegnungsstätte „Burg Stettenfels" bei Heilbronn (nach 1950)
90. Ernest Irrmann: „Souvenir d'un élève du Gymnase protestant de 1913 à 1923", in: „Le Chapitre de Saint Thomas et le Gymnase Jean Sturm", Straßburg 1980, Seite 42 ff, 57

91. Alfred Dove: „Berliner Briefe", August 1870, Seite 403, angeführt von Friedrich Meinecke in der Einleitung zu Alfred Doves „Ausgewählten Aufsätzen", 1925, Seite XXI
92. Alfred Dove: „Berliner Briefe", 1870, Seite 433
93. Alfred Dove: a. a. O., (vgl. Anm. 91), Seite 433, 435
94. Alfred Dove: a. a. O. (vgl. Anm. 91), „Berliner Briefe" 1871, Seite 158, angeführt von Friedrich Meinecke a. a. O., Seite XXV
95. Albert Schweitzer: „Aus meinem Leben und Denken". Hamburg 1949, S. 107 ff
96. Otto Abetz: „Das offene Problem. Ein Rückblick auf zwei Jahrzehnte deutsch-französische Politik", Köln 1951
Paul Schall: „Elsaß — gestern, heute und morgen?", 1976
Pierre Viénot: „Incertidudes allemandes. La crise de la civilisation bourgeoise en Allemagne", Paris 1931; deutsche Übersetzung: „Unsicheres Deutschland. Zur Krise seiner bürgerlichen Kultur", Frankfurt a. M. 1931
97. Carl J. Burckhardt: „Begegnungen", Zürich 1958, passim
98. Carlo Schmid: „Deutschland — Frankreich", in: „Castrum Peregrini", Amsterdam 1980, Heft 143/144, Seite 19
99. Robert Minder: „Inter Nationes Preis 1971", Bonn-Bad Godesberg 1971, Seite 9, 10
100. Ernst Stadler: „Dichtungen", Einleitung von K. L. Schneider, Band I, Seite 29
101. Peter Härtling: „Das Mal der Vergänglichkeit. Das Werk Ernst Stadlers", in: „Frankfurter Allgemeine Zeitung" vom 25. Juni 1983
102. Paul Tillich: „Grenzen", Rede am 23. September 1962, Börsenverein des Deutschen Buchhandels, Frankfurt a. Main
103. Hans Grimm: „Der Schriftsteller und die Zeit — Bekenntnis", München 1931
104. Georg Grabenhorst: „Hall und Widerhall" und „Wege und Umwege", Hildesheim 1975[2] und 1980 passim
105. Leif Geiges, Ingeborg Krummer-Schroth: „Oberrheinisches Mosaik — Bilder aus einer gesegneten Landschaft". Freiburg i. Breisgau 1973
106. Paul J. Hartmann: „Das Elsaß im gemeinsamen Markt". in: „Studien der Erwin-von-Steinbach-Stiftung", Band 2, Seite 229 ff, 1968
107. Klaus Fischer: „Schöner Garten im Umbruch", in: „Frankfurter Allgemeine Zeitung" vom 1. September 1973

108. Friedrich Meinecke: „Erinnerungen 1901—1919. Straßburg-Freiburg-Berlin", Leipzig, S. 162
109. Werner Fuld: „Französisch träumen, deutsch schreiben — Zum 100. Geburtstag des Elsässers René Schickele", in: „Frankfurter Allgemeine Zeitung" vom 30. Juli 1983
110. Ott-Heinrich Blaum: „René Schickele. Geist und Weisheit zweier Völker. Ein Vordenker Europas", in: „Der Westen" 4/1983, S. 5
111. Robert Ernst: a. a. O. (vgl. Anm. 19)
112. Robert Oberhauser: „Begegnung mit Robert Ernst. Kämpfer für Volkstum und Volksrecht", in: „Wasgau-Blick", Heft 4/1977, Seite 9 ff
113. Joseph Reithler: a. a. O. (vgl. Anm. 87)
114. André Weckmann: „Wie die Würfel fallen. Ein Roman aus dem Elsaß". Kehl 1981

## *Der Autor*

Geboren 1896 in Erlangen. Von 1903 bis 1914 in Straßburg im Elsaß; Besuch des Protestantischen Gymnasiums (gegründet 1538). Teilnahme am Ersten Weltkrieg 1914—1918. Studium der Rechts- und Staatswissenschaften in München (1919—1921). Dr. rer. pol. (1923): „Das Kind in der Gesellschaft — Geschichte der Jugendwohlfahrt" (Verlag Ernst Reinhard, München 1925). Nach Referendar- und Assessor-Examen: in der Stadtverwaltung Hanau am Main Rechtsrat und Wohlfahrtsdezernent (1925—1939). Dr. jur. (1935) an Universität Frankfurt a. M.; Habilitation für Öffentliches Recht 1939: „Führung und Verantwortung in der Gemeinde" (Verlag Junker & Dünnhaupt, Berlin 1941). Teilnahme am Zweiten Weltkrieg 1939—1945. Nach Rückkehr aus Kriegsgefangenschaft (1946) im Dienst des Württembergischen Sparkassen- und Giroverbandes Stuttgart 1947—1963: Leiter der Sparkassenschule. Dozent an der Staatlichen Verwaltungsschule 1949—1970. „Das Planspiel als Bildungsmittel" (Verlag Quelle & Meyer, Heidelberg 1964). Fachaufsätze. Lebensbilder, u. a. „Königin Katharina von Württemberg" (1968); „Rudolf Schwander und Kurt Blaum — Wegbahner neuzeitlicher Kommunalpolitik aus dem Elsaß" (1974). Mitarbeit im „Wissenschaftlichen Institut der Elsaß-Lothringer im Reich" (an der Frankfurter Universität) und in der Gesellschaft der Freunde und Förderer der Erwin von Steinbach-Stiftung e. V.

starb mit 95, kurz vor seinem 96. Geb.Tag

Martin Rehm, Nürtingen